「吉野ケ里遺跡にメガソーラーはいらない」
ブックレット編集委員会
編

吉野ヶ里遺跡にメガソーラーはいらない

世界遺産登録に向けて

花伝社

吉野ヶ里遺跡にメガソーラーはいらない――世界遺産登録に向けて◆目次

はじめに……吉野ヶ里遺跡全面保存会会長・吉野ヶ里訴訟原告団団長・佐賀大学名誉教授　久保浩洋　5

I　吉野ヶ里遺跡は日本と世界の宝物

1　吉野ヶ里遺跡の重要性とその価値……滋賀大学名誉教授・文化財保存全国協議会代表委員　小笠原好彦　10

2　吉野ヶ里遺跡と世界遺産……小笠原好彦　22

3　吉野ケ里は景観も宝――歴史文化の聖域……吉野ヶ里遺跡全面保存会副会長・佐賀県保健所長会元会長　太田記代子　32

4　吉野ヶ里歴史公園隣接地にメガソーラー計画――吉野ヶ里に次々と押し寄せる開発の波、そしてメガソーラーが……吉野ヶ里遺跡全面保存会事務局長　山﨑義次　34

II　裁判闘争

5　メガソーラー反対の監査請求・住民訴訟へ……吉野ヶ里メガソーラー発電所の移転を求める佐賀県住民訴訟弁護団事務局長　池永　修　42

6　佐賀地方裁判所へ提訴……44

7　福岡高等裁判所へ控訴……71

8　最高裁判所へ上告……79

III　学者・識者の声と地域の人々の声

9　明日に向けて、吉野ヶ里遺跡に学ぶ……同志社大学大学院元講師・文化財保存全国協議会常任委員　鈴木重治　84

はじめに

吉野ヶ里遺跡全面保存会会長・吉野ヶ里訴訟原告団団長・佐賀大学名誉教授　**久保浩洋**

このブックレットを手にしている人は、おそらく一度ならず吉野ヶ里歴史公園を訪問したことがおありと思う。広大で素朴な野原のような園内はもちろん、園外のさらに広々とした景観、北に脊振山系の山々が連なり、南に果てしもなく広がる佐賀・筑紫平野の水田地帯。晴れた日であれば、平野のさらに彼方に多良・雲仙・高良などの峰々も見える。それこそ、〝弥生人の声が聞こえる〟といわれるすばらしい景観をご存じであろう。

しかし、この公園を出て北西側に行ってみると、公園の景色とはまるで異質な黒々とした構造物に出会い、驚かされるだろう。それがメガソーラー発電所（敷地面積27・5ha、太陽電池面積16ha）なのである。実は公園内からも少し高いところ（例えば、物見やぐら）に上ってみれば見えるし、公園の全景を空中撮影すれば、困るほど視野に入ってしまうだろう。これは明らかに「歴史公園」の景観を損ねる構造物である。

だが問題は景観だけでない。メガソーラーのある地域は「歴史公園」の外側ではあるが、色々な時代の遺跡が重層して埋蔵されている地域であり、考古学・歴史学関係者に特に注目されている奈良・平安時代の神埼郡衙《ぐんが》跡のある地域なのである。メガソーラーはこれらの事実を無視して建設された。

さらに驚いたことに、「歴史公園」の景観・埋蔵文化財を損なうようなことを計画し実行したのが、当時（2011年～）の佐賀県知事古川康氏であったことである。

古川氏の知事就任は、吉野ヶ里公園の一部がやっと一般公開を始めた2年後だったので、公園として保存・利用のための施設や人など（例えば博物館。これは佐賀県が用意する約束を国としている）不備な情況を十分承知していたはずである。にもかかわらず、「公園」の充実どころか逆向きの毀損・破壊行為を実行したわけである。

古川前知事の吉野ヶ里メガソーラー問題で、もう一つ指摘せねばならぬことは、「遺跡」の側、そして遺跡地域にメガソーラーをつくることの妥当性を、県の文化財審議会や景観条例委員会など関係深いと思われる第三者機関には全く諮らずに、県庁内だけで検討・立案され、県議会に提案したことである。県議会は検討する時間もないほど短時日後に予算案まで可決してしまった。

その後の吉野ヶ里メガソーラー建設事業は急速に進められて、計画発表の二年後には、メガソーラー完成、同時に稼働を開始し今日に至っている。このような前知事の行為は、県民の意見を全く無視したものといえよう。

私たちは、古川前知事が吉野ヶ里メガソーラー計画を発表した直後から批判行動をおこし、①吉野ヶ里メガソーラーは他の地に造ること、②吉野ヶ里遺跡を世界遺産にすること、の2ヶ条を掲げて古川知事に申し入れを続けるとともに、世論に訴える活動を行った。そして、佐賀県監査委員会への住民監査請求、続いて佐賀地裁・福岡高裁・最高裁など提訴活動も続けてきた（数年間にわたる活動内容については、本文や巻末の年表をお読みいただきたい）。

なお、古川前知事の私たちへの対応は、公開質問状への二度の文書回答、その他の私たちからの文書は全く無視、そして面談要求には一回も応じなかった。また、佐賀県監査委員会、佐賀地裁、福岡高裁、最高裁では、文化財保護問題に佐賀地裁がちょっぴり触れただけで、手続きや形式面だけの理由で敗訴、または却下という結果となった。

行政も裁判所も、文化財保護についての評価は低いことを痛感させられた。この国は「文化国家」といえるだろうか、と嘆息した次第であった。

しかし、吉野ヶ里遺跡問題を少し長い期間で振り返ってみると、行政や裁判所だけでなく私たち住民の側、あるいは住民運動の側にも問題があるように思われる。今から30年前、吉野ヶ里遺跡のすばらしさがマスコミを通じて全国に知れわたり、全国からの支援や見学者が殺到するようになると、「吉野ヶ里全面保存会」という大きな組織が可能となり、保存運動も急激に強力になり、県の「工業団地」計画の断念、そして国段階での「国営歴史公園」という形での保存が決定するのにも「全面保存会」は原動力的役割を果たしたように思う。「国営公園」決定の段階までくると全面保存会の各メンバーも大きな喜びと共に活動の手をゆるめてホッとしたのではなかろうか。

その頃、「全面保存会」の運動の中心的な位置にいた故江永次男・全面保存会前会長が残した言葉を紹介する。

「――今後すぐれた国営公園として末永く活用されてほしいものだ。その為にも地元の人達をはじめとする長期的な全国民的な支持が絶対に必要である――」

江永次男「吉野ヶ里を陰でささえた人々」（1993）『吉野ヶ里はこうして残った』全面保存会発行

説明は不要と思うが、私の勝手な解釈を述べさせてもらうと、われわれ住民運動側がホッとして油断していると、大切な宝物を、頭の黒いネズミたちにさらわれてしまう。そうならぬよう、じっくりと頑張っていこうではないか。

謝辞

・考古学の先生方、特に文化財保存全国協議会の先生方
・弁護士の先生方（20名）
・佐賀県への監査請求提出の方々（１４７６名）
・裁判の原告となられた方々（75名）
・支持、賛同、参加して頂いた県内、全国の多数の方々
右のように多くの方々のお陰で今日までの吉野ヶ里遺跡全面保存会の諸活動と裁判活動ができました。誌上を借りて感謝の気持ちを表します。

Ⅰ　吉野ヶ里遺跡は日本と世界の宝物

北内郭の景観

1　吉野ヶ里遺跡の重要性とその価値

滋賀大学名誉教授・文化財保存全国協議会代表委員　小笠原好彦

発掘された吉野ヶ里遺跡

吉野ヶ里遺跡は、脊振山から南に広がる佐賀県吉野ヶ里町と神埼市にまたがる吉野ヶ里丘陵上に営まれた大規模な複合遺跡です。ここでは弥生時代の前期から環濠がめぐる集落が形成され、さらに発展した中期を経て、後期には九州地域に出現したクニの一つとみなされる巨大な環濠集落であることが明らかになっています。

ここからは古代の掘立建物群も多く検出され、律令社会に肥前国に設けられた神埼郡の行政をになった神埼郡衙がここに置かれていたことも判明しています。この吉野ヶ里遺跡は、弥生時代の集落のみでも、東西７００ｍ、南北１０００ｍに及ぶじつに広大な遺跡です。

さて、吉野ヶ里遺跡は、１９３４（昭和9）年の古くから吉野ヶ里丘陵で甕棺墓などが見つかっており、脊振山の南に営まれた弥生遺跡として注目されていた遺跡でした。

しかし、１９８２（昭和57）年から、神埼工業団地を建設する対象地となったことから、その事前調査として大規模に発掘されました。そして、１９８９（平成元）年3月、弥生時代の前期から後期まで存続する環濠集落であることが明らかになり、とりわけ中期には甕棺墓が列埋葬され、後期には

北墳丘墓の甕棺墓

大規模にめぐった外濠と内濠がめぐる内郭が存在している状況は、日本の古代国家の前夜のクニを示すものとして、多くの市民が見学に押し寄せるようになりました。

まず時期別に吉野ヶ里遺跡で明らかになった遺構をみると、弥生時代の前期の初頭には、吉野ヶ里丘陵に2、3の小規模な集落が営まれています。やがて前期の前半になると丘陵の南端部に、V字状に掘削する溝を約3haの広がりをもってめぐらす環濠集落が出現しました。この前期の環濠集落では、九州各地の前期の弥生集落から出土している大陸系の石器である石包丁、抉入り片刃石斧などが見つかっており、丘陵の周辺に広がる低地に営まれた水田で稲作農耕が行われていたことを示しています。しかも前期末には、鞴《ふいご》の羽口、トリベ、銅滓なども出土しており、ここで青銅器の鋳造もおこなわれていました。

ついで中期になると、南北に長い丘陵を南北に区分するように東西溝が掘られ、その南半部には中期の中頃まで、前期よりも大規模な環濠集落が営まれています。また丘陵の北半では、中央、西北、北などに甕棺墓が列をなす列埋葬が検出されており、全体として3000基を超える甕棺墓が見つかっています。とりわけ丘陵中央部の列埋葬は、甕棺墓が二列をなして配され、その中央に墓道が設けられていました。

また、丘陵の北端部には大型の墳丘墓が築造されています。この墳丘墓は、東西27m、南北40mの長方形をなしており、14基の甕棺墓が確認されています。それらのうち8基には、それぞれ1本の銅剣が副葬されています。このうちの1基には、把頭飾付の細形銅剣とガラス製管玉79個が副葬されていました。

このように、大型墳丘墓に埋葬されたこれらの甕棺墓は、この地域の有力首長として政治を担い、交易や新たな水田開発などの経済活動、ときには集団間の利害関係から引きおこされた抗争に際し、集団を統率して戦った首長らが埋葬されたものとみなされます。

中期には、青銅器の鋳造に関連する工房跡も検出され、青銅の原料の錫、焼土塊が出土し、他の地点から細形銅剣や細形銅矛の鋳型も見つかっています。

そして、後期になると、吉野ヶ里遺跡はさらに発展し、外濠が西側の丘陵裾部に沿って掘削され、北は墳丘墓を取り囲むように全体的にめぐらされ、総延長2・5㎞にも及んでいます。

そして後期の前半には、ほぼ中央部付近に内濠をさらにめぐらす内郭が設けられています。そして後期の中頃には、その北にも二重に内濠がめぐる内郭が設けられ、北内郭と南内郭の二つの内郭が出現しました。

このように、吉野ヶ里遺跡の集落の拠点は、それまでの南部から中央部から北部を中心としたものに大きく変化しています。

北内郭、南内郭の二つの内郭のうち、北内郭は東西100m、南北100mをなし、ほぼ中央部には桁行3間、梁行3間の総柱による大型の掘立柱建物が検出されています。また西、北、東、南では内濠が半円状に少し突出し、その内側に桁行2間、梁行1間の望楼（物見櫓）が設けられていました。他には複数の高床倉庫と少数の竪穴住居棟などが見つかっています。

一方、南内郭は、内濠が南北150m、東西70m、長方形状にめぐっています。ここも東、北、西の内濠に小さな突出部があり、そこに掘立柱による桁行2間、梁行1間の望楼（物見櫓）が設けられていました。その内部の中央部は削平が著しいので構築された施設は明らかでないが、西辺では十数棟の竪穴住居と高床建物などが見つかっています。

また、南内郭の西方、外濠をさらに隔てた西には、数十棟の桁行2間、梁行1間ほどの掘立柱建物が集中して検出されています。これらの建物は、高床倉庫と推測されるもので、北に数棟、東の外濠に沿って数棟、さらの南に20棟数が東西方向に並んで見つかっています。これらの高床倉庫によって構成された50m四方の空間には、わずか1～2棟の倉庫が建っているが、大きな空間をなしていたものと推測されます。

このように、吉野ヶ里遺跡では、後期になると外濠がめぐらされ、その内部に北内郭と南内郭という二つの内郭が形成されています。さらに南内郭の外環濠を越えた西に、高床倉庫群が集中して建てられていました。

後期の二つの内郭のうち、北内郭は高度な祭祀を行う場、また最高の司祭者の居住地をふくむ地、また南内郭は、この集落を統率する首長や上位階層が居住したものと、調査関係者によって推測されています。また、南内郭の西方の大規模な倉庫群は、吉野ヶ里遺跡の集落のみならす、吉野ヶ里遺跡の首長が統治するクニの諸物資を収納した倉庫群、さらに交易をおこなった市を想定する考えがだされています。

以上が、これまでの吉野ヶ里遺跡の発掘でこれまで見つかっている弥生時代の前期から後期までの集落に関連する遺構の主要なものです。

吉野ヶ里遺跡の歴史的特質

吉野ヶ里遺跡は、神埼工業団地を建設する対象地となったことから、吉野ヶ里丘陵一帯で事前の発掘調査が大規模に実施された遺跡です。その結果として、日本で農耕社会が開始した弥生時代の前期から後期まで営まれた大規模な環濠集落の全貌がほぼ地中から明らかになりました。

この吉野ヶ里遺跡の弥生時代の集落は、吉野ヶ里丘陵一帯に東西７００ｍ、南北１０００ｍというじつに広大な面積を有する巨大な環濠集落でした。このような広大な面積を有する弥生時代の環濠集落の全貌が明らかになったものは、これまで他に例のないものです。

しかも、吉野ヶ里遺跡では、前期の小集落から、中期、さらに後期まで発展しながら存続し、日本の古代国家の大和政権が成立する前段階に存在した弥生時代のクニの実態を鮮やかに示した大環濠集落です。

以下、前述した発掘調査の成果を踏まえながら、吉野ヶ里遺跡の各時期の集落がもつ特徴や特質を、私見をふくめながら述べることにします。

弥生時代前期

吉野ヶ里遺跡は、弥生時代の前期の初頭に、広大な吉野ヶ里丘陵に移住した小集団によって集落の営みが開始されています。この吉野ヶ里丘陵の一帯は、東に田手川によって形成された沖積地が広がり、容易に水田耕作を行い、さらに耕地を拡大することが可能な地域でした。

前期初頭に稲作農耕を開始した小集落は、前期の前半には居住空間に断面がV字状に掘削する溝をめぐらす環濠集落に発展しています。しかも前期末には青銅器の製品を鋳造し、これらの製品を丘陵周辺に営まれた他の農耕集団に供給できるような拠点的な集落へと発展しています。

弥生時代中期

中期になると、丘陵地の南半に拡大した環濠集落が営まれ、その北半に中央、西、北に甕棺の列埋葬が行われています。このような甕棺墓は3000基にも及んでいます。これらの甕棺墓にみる列埋葬は、ここの集落を構成する共同体構成員を埋葬したものとみなされ、じつに多くの人口を有する拠点集落に発展したことがわかります。

しかも、中期には、丘陵の北端部には墳丘墓が築成されています。この墳丘墓に埋葬された14基の被葬者のうちの大半は、細形銅剣が副葬されていました。この墳丘墓の築造と副葬品からみて、王の性格を有する被葬者であったと推測されます。そして、この中期の吉野ヶ里遺跡は『魏志倭人伝』に倭国はもと100余国をなしていたと記されており、このような小クニを形成した時期に、脊振山の南の地域に小クニの王がここに存在したことを示すものと理解されるものです。

吉野ヶ里遺跡のこの小クニは、前述した甕棺墓の列埋葬にみるように、ここに居住する多くの人たちに対し、一定のきまりのもとに甕棺墓の列埋葬をさせており、じつに強力な権限を有する存在者であったとみなされます。そして、王は、他の共同体構成員とは明らかに区別された大規模な王墓に埋葬されたものと理解されます。

弥生時代後期

後期になると、丘陵の西側の裾部一帯に新たに長大な外濠がめぐらされています。そして外濠に囲まれた南北に長い丘陵のほぼ中央部に、また内濠によって区画された内郭が形成されました。さらに後半には北にも内郭が形成され、北、南の二つの内郭が出現しました。

二つの内郭のうち、北内郭の南出入口は、二重に屈曲して濠・柵がめぐらされ、四方に望楼を配して警固されています。その中央部に桁行3間、梁行3間の大型の主屋が構築されていました。この大型建物は、吉野ヶ里遺跡が『魏志倭人伝』に倭国が30余国に統合化が進展した時期のクニの一つとして、王による政治、祭祀を司る際に中心となる主屋とみなされるものです。ここには祭祀者の居住施設もふくまれていたとする考えがだされていますが、一般に古代の王は政治と祭祀をともに執行する存在なので、王の居住施設もここにあったとみなされます。

また一方の南内郭も、東、西、北に望楼が配されていました。その中央部にあった建物や施設の大半は削平されているが、ここには絹織物・麻織物などの布をはじめ、クニの運営・経営に不可欠な諸物資の生産にかかわる工房が設けられていたものと推測されます。また武器や鉄製工具を造るための鉄資材、さらに統率下の諸首長層に贈与、配布する威信財などを収納した倉庫群などが構築されていたものと思われます。

『魏志倭人伝』にみる邪馬台国と吉野ケ里遺跡

このように吉野ヶ里遺跡は、弥生時代の前期に集落が出現した後、吉野ヶ里丘陵一帯の優れた自然環境のもとで、多くの人口を擁する著しく発展した集落となりました。この集落は、中期には周辺に営まれた多くの集落と強い繋がりをもちながらも、王が存在する小クニへ発展しており、さらに後期には、『魏志倭人伝』に、邪馬台国の女王の居館が「宮室・楼観・城柵、厳かに設け、常に人有り、兵を持して守衛す」と記されているように、吉野ヶ里遺跡でも防御用の外濠・柵、その内側にも濠・柵を二重にめぐらす北内郭は、まさに王の宮室の存在を示しています。ここには防御用に望楼が四方に設けられており、出入口の門には兵士が常に警固していたことを想定させる構造でした。

また、南内郭の西方で見つかった数十棟からなる倉庫群は、一時期は20棟前後のものが建てられていたとみなされています。これらの倉庫は、方形をなす一定の広がりをもつ空間をなして配されており、調査関係者によって想定されているように、交易をおこなう市であったとみなして間違いないでしょう。『魏志倭人伝』には、「邸閣有り、国国市有り。有無を交易し、大倭をして之を監せしむ」と記されています。この記事は、邪馬台国の経済にかかわる交易の一端として市が設けられていたことを述べたものです。吉野ヶ里遺跡の外濠の西で検出された多数の倉庫群も、クニの本拠をなす王宮的な性格をもつ吉野ヶ里遺跡が管理した市の実態を、まさに示したものとみなされます。

吉野ヶ里遺跡のクニの構成員である民衆は、ここで頻繁に開かれる市で、それぞれ必要とする諸物資を交易したものとみて疑いないでしょう。日本では、弥生時代の市の状況を示す絵画は見つかっていませんが、中国の四川省彭県、広漢県、成都郊外から出土した後漢代の画像塼の絵画には、店舗と市楼を描いたものがあります（図）。これらを参照すると、吉野ヶ里遺跡の市には、常設する店舗群

外濠の西に設けられた市の建物（東から）

後漢代の市を描いた画像傳（四川省広漢県出土）

とともに、その一郭に仮設的な店舗や市の開閉を告げる市楼も構築されていたものと推測されます。

また一方では、クニに所属する諸集団の有力首長層は、さらにそれぞれ統率する集団が必要とする鉄素材や威信財、さらに高度な金属製品などを、交易あるいは贈与などによって入手する必要がありました。これには、南内郭に構築された倉庫群に所蔵されていた諸物資や威信財が、クニの王によって贈与、あるいは分与されたものと推測されます。

このように、吉野ヶ里遺跡で検出された後期の各遺構は、まさに『魏志倭人伝』に記すクニの実態を、地中から今日の我々の眼前に蘇生させたものに他ならないのです。このことが、他の弥生遺跡にはない、吉野ヶ里遺跡がもつ最も大きな特質というべきものです。

大和政権成立前夜のクニの形

日本の古代国家は、これまで大型の前方後円墳が築造され、竪穴式石室を採用し、三角縁神獣鏡、碧玉製腕飾類などの各地の首長墳への配布などからみて、大和政権の時期に成立したものと理解されてきています。

この大和政権は、前方後円墳という固有の首長墳の形態と築造された首長墳の規模にみるように、みごとに首長層の序列を行った古代国家でした。

しかし、大和政権が成立する前夜の段階は、『魏志倭人伝』に記すように邪馬台国、対馬国、壱岐国、末盧国など30余のクニが存在したことが記されています。吉野ヶ里遺跡で発掘された後期の巨大な環濠集落は、まさに30余国段階のクニの一つであり、そのクニの実像を具体的に示すものです。

以上のように、吉野ヶ里遺跡は、九州地域から開始した稲作農耕によって、日本の各地で農耕社会体的に示しているじつに稀なる巨大な環濠集落です。

史跡整備された吉野ヶ里遺跡

吉野ヶ里遺跡で行われた発掘調査の成果は、１９８９（平成元）年3月末、各社の新聞やテレビによる放映によって公表されると、その成果に対し、全国から多くの市民が見学に殺到するようになりました。

このような状況のもと、佐賀県は工業団地の建設計画を撤回し、吉野ヶ里遺跡は、１９９０（平成2）年に国史跡となりました。ついで１９９１（平成３）年5月には特別史跡に昇格しました。さらに１９９２（平成４）年10月、特別史跡を中心とする54 haが国営歴史公園となり、その周辺の63 haの県営歴史公園と併せて１１７haに及ぶ広い歴史公園が造られることになりました。

このような歴史公園化の構想のもとで、１９９２（平成４）年から弥生時代の吉野ヶ里遺跡の史跡整備が進められ、２００１（平成13）年４月21日、国営・県営吉野ヶ里歴史公園の第１期の整備が完成し、開園しました。さらに２０１３（平成25）年には歴史公園の整備が終了しています。

この吉野ヶ里遺跡の歴史公園化の史跡整備では、長大な外濠がめぐる巨大な環濠集落であることと、北内郭、南内郭の二つの内郭を、どのように多くの市民がこの国家が出現する前夜のクニの中枢部の機能をもつ施設として理解しうるものに史跡整備するのか、また外濠の西側で見つかった市の性格が想定される倉庫群の一郭をどのように整備するのか、さらに北にある墳丘墓に対する整備が大きな課題となるものでした。また遺跡を正確に理解するうえで、甕棺など厖大な出土資料を展示する博物館も早急に建設することが必要でした。

さて、吉野ヶ里遺跡の見学する入口は、神埼駅からの西口、吉野ヶ里公園駅からの東口があります。

いま東側の公園入口から中へ入ると、北方向に北内郭を構成する主祭殿と呼称されている建物と望楼（物見櫓）が見えます。西へそのまま進むと南内郭の土塁の少し手前に復元された逆茂木の防御施設がみえます。そして、土塁とその上に先端を鋭角にしつらえて構築された柵木がめぐる土塁と濠を越えて中に入ります。

入ると南内郭には東、西、北に望楼と西側に数棟の竪穴住居が見えます。西側にある望楼に登ると、南側一帯を望むことができ、眼下に市の店舗とともに建てられたと推測する高床倉庫群を見下ろすことになります。

さらに北端に構築された望楼に登ると、北内郭とその北の地形一帯を望むことが出来ます。吉野ヶ里遺跡の広さがじつによく判ります。

降りて、北端の内濠を越えて北に進むと北内郭に着きます。入口は屈曲した二重の柵木が設けられ、その中を抜けると楼閣建物が建っています。階段を登ると首長による儀式の場が復元されています。またその上の階は、祭祀の空間となっています。

建物から降りて、北側の望楼に登ると、北内郭の全体を見下ろせます。北には墳丘墓を覆った施設が見えます。覆屋の北側から入ると、複数の副葬品を伴なう甕棺墓が公開されています。

さらに北へ進んだところに、古代の大宰府と肥前国府を結ぶ官道（駅路）が丘陵を切りとおして設けられています。それを越えて北へ延びる丘陵上に小さな墳墓が群をなして表示されていました。そして、さらに北へ進んで西を望むと、メガソーラーの異様な景観が広がっています。これは特別史跡としてのバッファーゾーン（buffer zone 緩衝地帯）としては、見学者を排除する施設だけに、相応しくないと言うべきものです。

南内郭の北端に戻り、外濠に沿って西へ進み、暫くすると南内郭の望楼から見た高床倉庫群が建ち並んでいます。吉野ヶ里遺跡の発掘で見つかった弥生時代の市とみなされているところです。高床倉庫に囲まれ、広場状をなしています。四川省から出土した漢代の市を示す画像塼には、店舗と市楼が描かれており、ここでも仮設的な店舗や市楼が建っていたでしょう。

吉野ヶ里遺跡は、日本の古代国家が出現する前夜の弥生時後期のクニの一つでした。ここには全体を囲む外濠があり、二つの内郭がありました。北内郭の政治・祭祀の空間に建てられた建物群は、当初は歴史性を感じえないという批判もありましたが、今はその違和感はなくなっています。濠と柵木が伴いながら巡る土塁は、弥生時代の環濠集落を象徴するものです。

2　吉野ヶ里遺跡と世界遺産

小笠原好彦

弥生遺跡としての吉野ヶ里遺跡の意義

吉野ヶ里遺跡は、神埼工業団地建設の対象地となり、１９８７（昭和62）年から事前の発掘調査が吉野ヶ里丘陵一帯でおこなわれました。その対象面積は30 haにも及ぶものでした。

この大規模な発掘調査によって、吉野ヶ里遺跡から弥生時代の前期から後期に営まれた環濠集落がほぼ完全に地中から姿を現しました。この吉野ヶ里遺跡の環濠集落からは、これまでの弥生時代の環濠集落の発掘調査では例のない、重要なことが多々明らかになりました。この遺跡では、つぎの三つの点がとりわけ重要です。

その一つは、吉野ヶ里遺跡では、弥生時代の前期に他所から弥生人が吉野ヶ里丘陵に住み始め、やがて前期の後半に丘陵地の南端部付近に断面がV字状の溝を掘削してめぐらす環濠集落に発展しました。しかも青銅器の鋳造をおこなう集落でした。

そして中期になると、さらに拡大された環濠集落へと発展しました。この中期には、丘陵の南端付近に環濠集落が営まれ、丘陵の北半には甕棺墓の列状埋葬がおこなわれています。しかも、丘陵の北端部には墳丘墓が築造されています。この墳丘墓から見つかった基の甕棺墓のうち8基には、細形銅剣が副葬されていました。

ここには、初期の均等性の強い農耕社会の集落から、中期には多くの人たちに対し、政治、祭祀、経済などで指導的な役割をはたした優れた統率者が出現し、他の集団をも従属させるような指導的な役割をはたした首長を有する拠点集落へと発展したことを示しています。『魏志倭人伝』には「倭国はもと百余国からなっていた」と記しており、墳丘墓の王墓の存在からみて、その100余国の小クニが存在した段階の小クニの一つに発展していたものと推測されます。

二つには、さらに吉野ヶ里遺跡は、後期になると外濠が丘陵の西側に沿って北端までめぐらされました。しかも丘陵の中央付近に内郭が形成されました。ついで後半には北にも内郭が加えられ、北内郭と南内郭という二つの内郭から構成されるものへと著しく発展しています。

二つの内郭のうち、北内郭の中心部には大型建物が構築されています。この建物は、楼閣構造のものとみなされ、首長による政治や祭祀をおこなう拠点となったものと推測されています。四方に望楼が構築され、防御されていました。

また南内郭は、中央部は削平されていますが、西側では竪穴住居や倉庫などが見つかっています。望楼も構築されていました。ここは竪穴住居で絹や麻などの布生産や諸物資の生産がおこなわれ、それらを収蔵する倉庫が多く構築され経済部門にかかわる施設が設けられたものと推測されます。

このような後期後半の吉野ヶ里遺跡の北内郭・南内郭は、『魏志倭人伝』に「宮室・楼観、厳かに設け、常に人有り、兵を持して守衛す」と記された王宮的なものとみなされるものです。

さらに、外濠の西側では、数十棟の掘立柱建物が一定の空間を囲むように構築されていました。ここは調査関係者が推測するように、吉野ヶ里遺跡のクニの王の管理のもとに交易がおこなわれた市が設けられたところとみなされます。中国の四川省彭県、広漢などから出土した後漢代の画像塼には、店舗とともに市楼を描いた絵があります。市には店舗と共に市楼が建てられていますので、吉野ヶ里遺跡で見つかった掘立柱建物群には、高床倉庫と店舗、市楼が建てられていたものと推測されます。

このように、吉野ヶ里遺跡の発掘された遺構は、弥生前期の小集落から発展し、中期には小クニとなり、さらに後期には邪馬台国、一支国、伊都国のようなクニへ発展を遂げたことを具体的に示しています。

三つには、吉野ヶ里遺跡は、稲作農耕が開始した弥生前期から、中期の小クニを経て、『魏志倭人伝』に記す邪馬台国、伊都国のようなクニへと発展したことが、一つの遺跡の中で発展していった過程を眼で見ることができるということです。つまり、前期から中期の小クニへ、後期のクニへ発展した過程を、一つの遺跡の地中すべてが記録しているということです。このような弥生遺跡は、これまで例のないものです。

このような性格を有する吉野ヶ里遺跡は、日本の古代社会がたどった歴史的な経過を世界の方々に理解していただくという点からも、また現在の日本の世界遺産に対する登録への取り組みからみても、世界遺産リストに登録することが望ましいと考えます。

世界遺産への道と課題とその意義

国連の教育と文化部門を担当するユネスコが、世界遺産に関連する条約を作ったのは１９７２（昭和47）年でした。人類の歴史、文化に関連する遺産は、このままでは危い状態にあると考え、優れた歴史、文化、さらに自然を世界の英知を集めて残そうと考えたのが世界遺産への登録制度です。

それは、取り上げて「称賛する」のではなく、人類の遺産として永久に「保存しよう」という趣旨でした。そして、この条約を各国に批准するように求め、これに呼応する動きがヨーロッパ、アメリカ、ロシアなどでおこり、進展しました。

ところが、日本の外務省、文化庁はこの趣旨を少し取り違えたようです。これは地域的な紛争などによって、保存が危なくなっている国々の歴史・文化・自然に関するものであり、日本は自国で保護、保存することができるので、これを批准する必要はない、と理解したようです。

この制度による最初の世界遺産への登録は１９７８（昭和53）年でした。世界遺産に登録する手続きとしては、①まず、それぞれの国で複数の候補を「暫定リスト」として対象物を挙げる。②つぎに、それらの「暫定リスト」の候補から選択し、世界遺産会議に候補を推薦する、という手続きによって推薦された候補に対し、ユネスコの世界遺産会議は、現地を詳細に視察するなどの調査をおこない、年次ごとに登録するものを決定します。

世界遺産への登録は、1978年以降、世界の各国から候補が推薦され、年々増加していきました。日本でこの動きに早く対応したのは、ソニーでした。登録された各国の世界文化遺産、世界自然を多くの画面の映像によって紹介しました。

そこで、1980年代の半ばになると、「なぜ日本には世界遺産がないのか」ということに疑問をもつ声があがり、「日本も世界遺産条約を批准し、登録すべきではないか」という動きが具体的にあらわれました。動いたのは日本建築学界でした。そこで、ようやく1992（平成4）年に日本も世界遺産条約を批准しました。

そして1993（平成5）年、はじめて世界自然遺産に白神山地（青森県・秋田県）と屋久島（鹿児島県）が登録されたのです。また世界文化遺産として、法隆寺（奈良県）も登録されました。翌1994（平成6）年には、世界文化遺産に古都京都の文化財（京都府・滋賀県）が登録されました。

世界遺産に登録されることの意義

世界遺産は、特定の国や民族ではなく、より広い視野のもと、人類全体にとって、現在のみでなく将来にわたって共通した重要性を有するという、普遍的な価値をもつものを登録しています。これには、文化遺産として歴史的な記念物、建造物さらに価値の高い遺跡などがその対象となっています。

また特異な地形や景観、生態系のような分野に対しても、自然遺産として登録しています。自然遺産と文化遺産の両方を満たしているものに対しては、複合遺産という分野を設けて登録しています。

この世界遺産として登録するには、登録に値する基準が問題になります。いわば、普遍的に顕著な価値が認められるかどうかということになります。この登録基準としては、人類の創造的な資質を示すもの、建築や技術、記念物、都市の発展などにとって重要な価値を有するか、人類の歴史において代表的或いは重要性をもつか、など10項目にわたって判断する基準項目があります。さらに近年、歴史的な分野では、その対象物が存在した当時の状態をよくとどめているかどうかという真実性(authenticity)が、世界遺産委員会によって重視されてきているといわれています。

さて、1993（平成5）年以降、日本の古代の分野に関連する建造物、遺跡なども、前述した法隆寺の後、古都京都の文化財（1994年）、古都奈良の文化財（1998年）、宗像・沖ノ島関連遺跡群（2017年）が登録されています。そして、登録候補ともいうべき日本の暫定リストに登録されている古代に関連するものとしては、飛鳥・藤原の宮都とその関連資産群、百舌鳥・古市古墳群、北海道・北東北を中心とした縄文遺跡群などがあります。

これらを見ると、縄文時代として三内丸山遺跡・大湯環状列石などの縄文遺跡、古墳時代として百舌鳥（伝仁徳陵など）・古市古墳群（伝応神陵など）の大型古墳群が対象になっています。しかし、これらのリストには、日本の初期の農耕社会にあたる弥生時代を対象とした遺跡がふくまれていません。

日本歴史の展開からすると、それに相応しい遺跡をもとに、暫定リストに弥生時代の遺跡も登録すべきかと考えます。そしてこれには、早くから吉野ヶ里遺跡全面保存会が提起し、運動をすすめている吉野ヶ里遺跡が、最も相応しい遺跡と考えます。

その理由は、その特質を具体的に前述したように、吉野ヶ里遺跡の巨大な環濠集落がじつに豊かな歴史性をもつものであり、これのみで世界文化遺産として暫定候補になりうると思います。

世界遺産の登録では、同様のもの、また類似したものは他に認めないという建前をもっています。この点からすると、吉野ヶ里遺跡を単独登録するよりも、吉野ヶ里遺跡をコア（中核）として、例えば長崎県原の辻遺跡、福岡県平原遺跡、平塚川添遺跡など、九州の複数の弥生遺跡を組み合わせることによって、日本の古代国家（大和政権）成立前夜を具体的に示す歴史遺産として、世界文化遺産の暫定リストに登録するのが望ましいように考えます。

しかし、いま吉野ヶ里遺跡をコアとして、世界文化遺産の暫定リストに登録するには、吉野ヶ里遺跡そのものに大きな課題・問題があります。

それは、これまで登録されている世界文化遺産は、その対象物をめぐる周辺にたいし、バッファーゾーン（buffer zone 緩衝地帯）をも重視する考えがとられてきています。また、登録されたものでも、著しく景観を損ねるような開発をおこなおうとする場合には警告し、それに対応・改善しないときは、登録から抹消されることがあります。

その例に、ドイツのドレスデン・エルベ渓谷があります。ドレスデン・エルベ渓谷は、２００４（平成16）年、18世紀に「エレベ川のフィレンチェ」とも呼ばれた歴史的都市のドレスデンとエレベ川が世界文化遺産となりました。しかしその後、かなり以前からエレベ川に架橋する計画があり、これを具体化し建設する方針がだされました。それに対し世界遺産委員会は、その架橋をおこなった際には、世界遺産リストから抹消するという警告を通知しましたが、ドレスデン市は架橋工事を強行したことから、２００９（平成21）年に抹消されました（現在は元世界遺産と呼ばれています）。

このように、世界遺産は景観をじつに重視していることからすると、吉野ヶ里遺跡の国営公園の北側一帯に、広範囲にわたってメガソーラーが設置されていることは、吉野ヶ里遺跡のバッファーゾーンとしては明らかに相応しくありません。これが登録に際して、大きな支障になるものと思われます。それだけに、「日本の古代国家の成立前夜」をテーマに、吉野ヶ里遺跡をコアとして九州の複数の弥生集落を世界遺産へ登録を進めるには、吉野ヶ里遺跡の全体を見て回る際に障害となるメガソーラーは、できるだけ早い時期に他所に移す必要があります。

世界遺産に関係する概念

真正性（authenticity）

真正性とは文化遺産に求められる概念で、建造物や景観などが、それぞれの文化的背景の独自性や伝統を継承していることが求められます。歴史的建造物の保存と修復に関する１９６４年のヴェネツィア憲章の考え方を反映しています。

真正性はかつて、遺産が建造された当時の状態がそのまま維持・保存されていることが重視されていました。これは、遺産が時代を経ても大きく変化しにくい石の文化である西欧などの思想に基づいており、日本やアフリカなどの木や土の文化には必ずしも対応していませんでした。そのため、１９９４年に奈良市にて「真正性に関する奈良会議」が開催され、日本主導による「奈良文書」が採択されました。

奈良文書では、遺産の保存は地理や気候、環境などの自然条件と、文化・歴史的背景などとの関係の中ですべきであるとされました。つまり、日本の遺産であれば、日本の気候風土や文化・歴史のなかで営まれてきた保存技術や修復方法でのみ真正性を担保できます。その文化ごとの真正性が保証さ

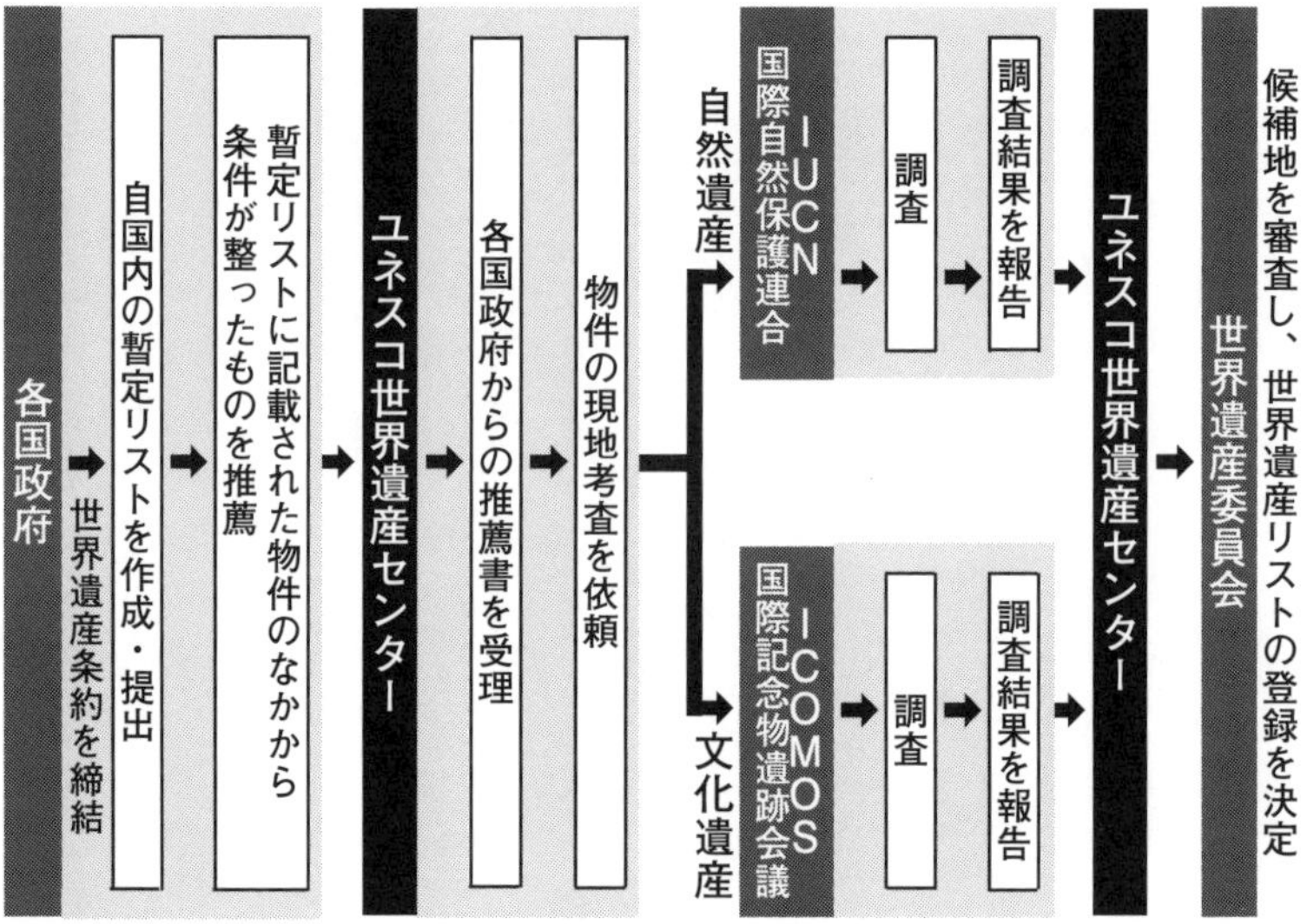

世界遺産登録の流れ

れる限りは、遺産の解体修復や再建なども可能です。この奈良文書により真正性の考え方は柔軟になり、遺産の真正性は形状・意匠や材料・形質、工法、環境（セッティング）などを各文化に即して解釈・検討されるようになりました。

完全性（integrity）

完全性とは全ての世界遺産に求められる概念で、世界遺産の顕著な普遍的価値を構成するために必要な要素が全て含まれ、また長期的な保護のための法律などの体制も整えられていることが求められます。完全性を証明する条件として、具体的には次の3点が作業指針に記されており、自然遺産は登録基準ごとにさらに細かく定義されています。

・顕著な普遍的価値が発揮されるのに必要な要素が全て含まれているか。
・遺産の重要性を示す特徴を不足なく代表するために、適切な大きさが確保されているか。
・開発あるいは管理放棄による負の影響を受け

ていないか。

文化的景観（cultural landscapes）

文化的景観は、1992年に第16回世界遺産委員会で採択された概念で、世界遺産条約1章第1条の「遺跡」定義のなかの、「自然と人間の共同作品」に相当するものです。人間社会が自然環境による制約のなかで、社会的、経済的、文化的に影響を受けながら進化してきたことを示す遺産に認められます。文化的景観には、自然の景観と人工の景観の両方が含まれ、文化遺産に分類されるものの、文化遺産と自然遺産の境界に位置する遺産といえます。

これにより、従来の西欧的な文化遺産の考え方よりも柔軟に文化遺産を捉えることが可能になりました。そのため、ニュージーランドの『トンガリロ国立公園』のように、これまで自然遺産の価値しか認められてこなかった遺産でも文化的な価値が評価されるようになり、世界各地の文化や伝統の多様性の保護につながっています。

文化的景観は、大きく次の3つのカテゴリーに分類されますが、どの遺産がどのカテゴリーに分類されるか、どの遺産がどのカテゴリーに含まれるのかは明確にされていません。

3　吉野ヶ里は景観も宝――歴史文化の聖域

吉野ケ里遺跡全面保存会副会長　佐賀県保健所長会元会長　元佐賀県議会議員　**太田記代子**

吉野ヶ里遺跡の重要な場所に全く不つり合いなメガソーラーが据えられてしまい、本当に残念です。国の特別史跡（遺跡の国宝）を擁する国営歴史公園の遺跡群と景観を後世に残すべく、かなり努力しましたが、県（古川康県知事）相手の運動は困難を極めました。

平原廣澤の佐賀県です。適地は他に有るのに何故、吉野ヶ里に？　については「玄海原発三号機の事故をカムフラージュするために太陽光発電派を装うパフォーマンス」と、原発事故と関連づけて囁かれています。

私が平成元年、吉野ケ里報道の日から保存運動に加わりましたのは、発見者・七田忠志先生の教え子の一人としての思いに加え、この遺跡の歴史的意味が将来の日本に大いに貢献すると理解できる歳に達していたからです。しかし古川知事は弥生時代の水田跡や竪穴式住居跡を発掘調査もせず、一部、犠牲にして、メガソーラー設置を強行、若さ故の拙速で許される事ではありません。

更に「原発に前のめり」と報道され、プルサーマルは全国的反対を押し切り、日本一早く強行。その玄海原発三号機は世界一危険と分析されています。そして、なんと商業運転の一年と七日目（２０１０年12月９日）に放射性ヨウ素洩れ事故、２日後に流石に慌てて手動停止。県の発表は「定期点検で停止」と事故隠しの、事実に反する発表。意識の高い人の怒りを煽りました。

次の県議会（２０１１年２月）で吉野ケ里メガソーラー案が出され、当時、私は県議でしたので強く反対して抗議。これが始まりでした。「吉野ヶ里を弥生の景観として美しく後世に」と獅子奮迅し飛び回り続け、疲れ果てている時に若い弁護士の先生方が救いの手をさし伸べて下さり、歴史的裁判となりました。

一．石器時代、縄文、弥生から明治維新期まで奇跡的に遺る複合遺跡、二．古代ローマ時代のシルクロードの東の終点、三．平和の使者・徐福や鑑真ゆかりの国際親善に貢献する遺史跡として守り繋ぐのは大人の責務でありましょう。吉野ヶ里メガソーラーに県費39億円余が費やされ、電気代は県に入らず、メガソーラー株式会社が20年で１００億円の収益を上げると地元紙に後に報道されました。

この地は、古老によると、「粗末にしてはならぬ、罰が当たる」とまで戒めて守られた所、精神文化の聖域だった由です。今、先人に相済まなく胸痛みます。文化財保護法違反を犯しては歴史に汚点を残します。歴史文化への冒涜とさえ申すべきでしょう。

それにしても､圧力にもめげず､お力を添えて下さった多くの方々に感謝を捧げ、この記録文集が未来への鏑矢となるように念じ続けます。

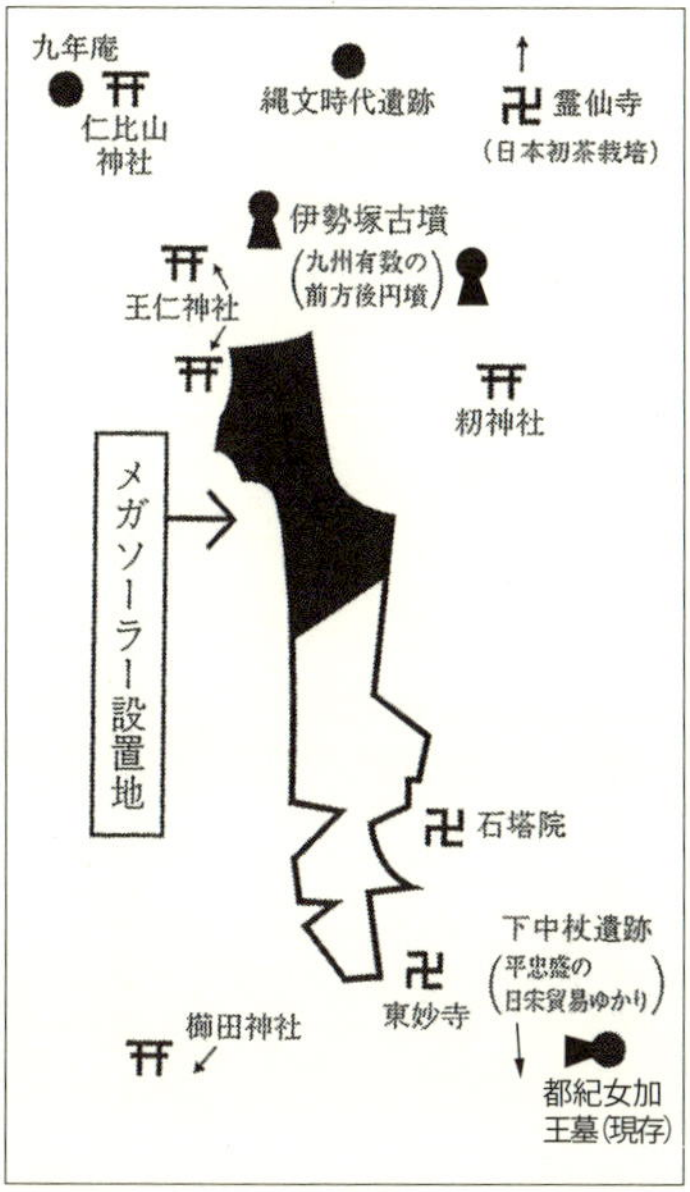

略図

4　吉野ヶ里歴史公園隣接地にメガソーラー計画
——吉野ヶ里に次々と押し寄せる開発の波、そしてメガソーラーが

吉野ヶ里遺跡全面保存会事務局長　山﨑義次

はじめに

吉野ヶ里遺跡は多くの国民が知っている有名な遺跡で、我が国の古代国家がどのようにして出来ていったかがよくわかる、素晴らしい遺跡です。これまでに二千数百万人以上の人々が訪れ、教科書にも記載されるなど国民的な人気を誇る遺跡でもあります。

ところがこうした吉野ヶ里遺跡のある丘陵中央部に大規模なメガソーラー発電所が建設され、現在稼働していることを、多くの人々は知らないのではないでしょうか。

吉野ヶ里は周辺部まで含めると、環壕集落遺跡だけではなく、旧石器時代から縄文、弥生、古墳、奈良、平安、中世、近世、あるいは明治維新期までの遺跡があり、言わば我が国のほぼ全歴史が、この丘陵上から眺められる類稀な遺跡地帯です。

こうした地域にメガソーラーが全く相応しくないのは、当然のことでしょう。やはり、吉野ヶ里遺跡は世界遺産が一番相応しいと思います。そのためにも吉野ヶ里丘陵と周辺部（バッファーゾーン）の景観や遺跡群を守ることが大事ではないでしょうか。

佐賀　2013年（平成25年）1月11日（金曜日）　読売新聞

メガソーラー建設変更要望

吉野ヶ里遺跡保存会　知事に公開質問状

公開質問状を持って訪れた会員（手前）に対し、立ち入りを禁じる県職員や警備員ら

県が国特別史跡・吉野ヶ里遺跡の隣接地で建設を進めている大規模太陽光発電所（メガソーラー）について、市民団体「吉野ヶ里遺跡全面保存会」（事務局・みやき町、江永次男会長）は10日、「遺跡や景観を損ねる恐れがある」として、建設地の変更を求める古川知事宛ての公開質問状を提出した。

質問は、①吉野ヶ里遺跡の貴重さへの認識②神埼市や吉野ヶ里町が制定している景観条例と建設計画の整合性への見解――など5項目。21日までの文書での回答を要求した。

同会のメンバーは県庁での提出時、「直接、知事に手渡したい」と要望。これに対し、県側は拒否し、知事室がある県庁本館の廊下に警備員を配置するなどして、立ち入りを制限。会側は強く反発した。

会側は「知事は、世界一になった美女やスポーツ選手には喜んで会うが、県民の切なる思いを聞こうとしない」と批判し、「貴重な遺跡を守るため、建設地の変更を検討してほしい」と訴えた。

応対した県新エネルギー課の職員は「変更するつもりはない。知事に報告し、期限通りに回答する」と話した。

読売新聞佐賀版、2013年1月11日

吉野ヶ里丘陵開発の経緯

さて、吉野ヶ里ではこれまで戦後約70年のあいだにいろんな開発が計画され、その度ごとに破壊の危機に瀕していました。

吉野ヶ里遺跡は今では誰もが知っていますが、昔はごく一部の研究者しか知りませんでした。

いち早く吉野ヶ里に注目したのは、佐賀の考古学研究の草分けで指導者だった松尾禎作氏で、１９２５（大正14）年、学術誌に「吉野ヶ里丘陵に大遺跡が眠っている可能性がある」と報告しました。松尾氏は三養基中学（現三養基高校）の教師をしており、多くの生徒達を指導、育成し、研究のみならず遺跡遺物の保存のことにまで言及しています。特に姫方遺跡や吉野ヶ里遺跡の保存のことを著書の中で述べるなど、この方面での先覚者でした。

松尾禎作氏より指導を受けた生徒達は、その後、それぞれ研究を深め活躍しました。なかでも七田忠志氏、三友國五郎氏らが１９３４（昭和9）年、『史前学雑誌』『考古学雑誌』などの学術雑誌に吉野ヶ里遺跡の研究成果を報告するなどしたため、研究者仲間の間には広く知られるようになったようです。

しかし、これは研究者間だけのことであって、県民や国民には全く知られない状態が何十年も続いていました。

その後日本は、遺跡を本格的に発掘したり研究するような時勢や雰囲気ではなくなり、軍国主義の台頭のもと、戦争へと突入していきました。やがて敗戦、国は疲弊し大混乱となり国土は荒れ果ててしまいました。

日本の復興を成し遂げるには、まず食料の増産が緊急の課題であり、佐賀県も例外ではなく、県内のへき地などが新たな開発地となっていきました。吉野ヶ里遺跡群の存在するこの丘陵も真っ先に目をつけられ、丘陵の開墾が始まりました。この時の佐賀県の担当者が香月熊雄開拓課長（のちの佐賀県知事）でした。

うっそうとした雑木林を切り払い、土を掘り起こし、畑などにしました。開墾者たちがクワなどで土を掘り起こせば、大量の土器片などが続々出てきて、日吉神社の東側を通って吉野ヶ里丘陵を南北に走る開拓道路の敷石代わりにしました。また、ミカン園にするために開墾作業中に土の中から銅鏡や銅矛、多数の管玉などを掘り出しましたが、発見者はこうした遺物の貴重さや値打ちがわからず捨てたりして所在不明となっています。この他にもこのような話は多くあり、遺跡や遺物の保護保存の考えが広く浸透していない時代でした。

ただ不幸中の幸いと言えるかもしれませんが、この頃の開発はブルドーザーやユンボなどの大型機械を使わない人力による開発行為だったので、遺跡の破壊は大規模なものではなく、最小限度の破壊で済みました。

この丘陵一帯の開拓開墾が一段落した昭和47、8年頃、今度はこの丘陵に神埼農業高校の移転計画が持ち上がりました。果樹栽培や畜産のための放牧場などにもってこいの場所だと考えられたからです。ところが、中原町（現みやき町）の姫方遺跡の破壊が同時期に大問題となり、保存運動が起きて県民の埋蔵文化財への関心も高まりだしたことで計画は中止、別の場所へ移転されました。

姫方遺跡は実は筆者の住む家から近くにあり、私も仲間とともにこの遺跡の保存運動をやりました。姫方遺跡は吉野ヶ里遺跡と同様に弥生時代を中心とした素晴らしい遺跡で、3ヶ所が県史跡として保存されたものの、残りは住宅団地として破壊消滅してしまいました。この破壊事件はマスコミにも大きく取り上げられ、町・県議会、国会でも追及されるなど佐賀県で初めて起きた保存運動だったこともあり、人々の遺跡保存への理解も深まってきたのでした。

この姫方遺跡保存運動の波及効果ともいえる吉野ヶ里丘陵への移転計画中止のことを、筆者はずいぶん後で知ったのですが、保存運動をしていて本当に良かったと思っています。もし、吉野ヶ里に計画どおり農業高校ができていたらどうなっていたのでしょうか。のちの吉野ヶ里発掘と保存に、大きな影響があったことでしょう。

吉野ヶ里遺跡全国報道

農業高校の吉野ヶ里丘陵への移転が中止になってから約8年後の1981（昭和56）年頃、またもやさらに大規模な開発がこの丘陵に計画されました。全丘陵約67haがその対象とされ、こんどは「神埼工業団地」として佐賀県が計画し、次々と民有地を買い上げていきました。そして、造成工事に入る前に事前調査を行い、本格的な発掘調査が1986（昭和61）年から1989（平成元）年にかけて約3年間の予定で始まりました。

発掘が進むにつれて多くのカメ棺や人骨とともに巨大な環壕集落や墳丘墓が次々と現れてきて、とても尋常な遺跡ではないことがわかってきました。先覚者が予想していた以上の遺跡だったのです。

１９８９年2月、奈良国立文化財研究所の佐原真氏が現地を訪れ遺跡を視察。佐原氏は「この遺跡は『魏志倭人伝』にある当時の一つのクニの中心だったのは間違いない。邪馬台国時代の謎にせまる重要な手掛かりがある」と発言しました。この発言が新聞、テレビで全国に大々的に報道されました。

実は、保存運動の方はこれ以前の１９８２（昭和57）年から始まっていたのですが、この時の大報道で、運動が県内はもとより全国的に一挙に広がっていきました。詳細は省きますが、いろんな紆余曲折を経て、遺跡は現在では国営歴史公園と県立歴史公園として保存整備され、公開されています。

吉野ヶ里公園は面積１１７haと大変広いです。公園を見学された方は一様に遺跡の広さと素晴らしさに驚嘆します。私もそう感じます。しかし、よくよく冷静に考えれば、丘陵の周辺部まで含めると約３００ha以上あり、今の公園の3倍ほどの面積があります。しかもあたり一帯は各時代の貴重な遺跡が数多くあり、景観もとても素晴らしく、他県から来た人々はこれにも驚嘆しています。

私達吉野ヶ里遺跡全面保存会は、一貫して全丘陵を含めた国営公園化による全面保存を要望していましたが、県当局はこれを無視し、遺跡群の存在する丘陵中央部を何としても開発したいとしてあきらめていませんでした。１９９２（平成4）年頃からの全国的な経済不況で開発ができないまま、約20年間この地域を放置してきました。この間、知事が香月熊雄氏、井本勇氏、そして古川康知事（現衆議院議員）と替わりました。古川知事の時、即ち２００５（平成17）年4月、自ら任命した諮問機関の「吉野ヶ里ニューテクノパーク跡地整備計画検討委員会」（ニューテクノパーク跡地はすなわち問題の丘陵中央部）が、「自然や景観と調和した公園」にするように古川知事に報告書を提出しましたが、これも全く無視しました。

吉野ヶ里遺跡にメガソーラーはいらない
計画地を見直し、佐賀の宝、日本の宝、吉野ヶ里遺跡を守ろう

吉野ヶ里の中央部にメガソーラー計画

こうした経過を経て２０１１（平成23）年6月、古川康知事が突如、県議会で「吉野ヶ里ニューテクノパーク跡地」即ち丘陵中央部に、大規模なメガソーラーをつくると表明したのです。私達全面保存会のメンバーはこの計画を知ってがく然としました。メガソーラーは吉野ヶ里につくるべきではない、吉野ヶ里は世界遺産にすべきだとして、あらたな保存運動を起こすことにしたのです。

私達がなぜこのメガソーラーに反対するのか、その主な理由をまとめてみます。

①メガソーラーは別の場所でもつくれる。

②国営吉野ヶ里歴史公園（一部県立歴史公園）にメガソーラーを建設することは景観を破壊する（バッファーゾーンの破壊）。

③メガソーラーの建設地、約27・5 haの中にも多くの遺跡群があり、これが破壊されること（事実造成工事で多くの遺構遺跡が破壊された）。

④吉野ヶ里遺跡は近い将来世界遺産になりうる遺跡であり、メガソーラーの建設によって世界遺産の登録が困難になるおそれがあること。
⑤メガソーラーの吉野ヶ里丘陵への建設は、文化財保護法や国の指針、地元の景観条例、その他の関係法令等に違反していること（法令を守る精神が著しく欠ける）。
⑥メガソーラー建設に総額約39億円もの県民の税金をつぎ込み、その大半は赤字（約36億円）となり、税金のムダ使い。

以上をみれば明らかなとおり、メガソーラーを建設するよりも、どの角度からみても吉野ヶ里丘陵の景観を守り、世界遺産にした方がいかに良いか、理解できるでしょう。世界遺産になれば観光客もさらに増えて地域が活性化し、経済的にも潤うと考えられます。

古川知事がメガソーラー計画を発表した直後から、私達はこの計画の撤回と計画地の変更を求め、県側に要望書を出すなどの働きかけを何回もおこないました（私達はメガソーラーそのものに反対しているのではありません。つくる場所に反対なのです）。しかし結局、これを無視し強引に建設しようとしたので、やむを得ず裁判をおこすことにしました。

II　裁判闘争

裁判報告集会（佐賀県弁護士会館）

5　メガソーラー反対の監査請求・住民訴訟へ

吉野ケ里メガソーラー発電所の移転を求める佐賀県住民訴訟弁護団事務局長　池永　修

住民監査請求の取り組み

事業用地の造成工事が着々と進められるなか、２０１３（平成25）年1月、住民らは、メガソーラー発電所計画の変更を求めて、地方自治法２４２条1項に基づく住民監査請求に踏み切った。住民監査請求の呼び掛けに対し、多くの市民から賛同が得られ、同年2月8日、１４０名の住民が監査請求書を佐賀県監査委員事務局に提出した。住民監査請求に賛同する市民はその後も増え続け、同年2月27日には１４８名が請求に加わった。

ところが、佐賀県監査委員は、２０１３年3月26日、すべての監査請求を却下した。住民らは、監査請求書において、メガソーラー発電所の設置行為が、吉野ヶ里遺跡の景観を破壊し、文化財としての価値を棄損するものであり、「地方公共団体の財産は、常に良好の状態においてこれを管理し、その所有の目的に応じて最も効率的に、これを運用しなければならない」と規定した地方財政法8条に違反していること、佐賀県土地開発公社からの購入代金や造成費用を造成後に民間事業者から支払われるリース料によって賄うことができないことなどを具体的に指摘していた。しかし、佐賀県監査委員は、これらの問題について実体的な審査を一切行わず、住民らが「県の財政施策に対し請求人らの見解を示しているにすぎず、本件請求の対象とする財務会計上の行為の違法性・不当性を具体的かつ客観的に示しているとはいえない」などとしてすべて門前払いしたのである。

このような佐賀県監査委員の不誠実な姿勢を目の当たりにし、住民監査請求に加わる市民は更に増加し、２０１3年4月3日には３９３名、同年7月19日には４１６名、２０１４（平成26）年７月29日には３７３名が監査請求に加わった。こうして数名の住民が呼びかけた住民監査請求の取り組みは、総勢１４７０名もの市民が加わる大きな取り組みに発展した。

住民訴訟の提起

このように、多くの市民がメガソーラー発電所計画の変更を求めて住民監査請求を行ったにもかかわらず、佐賀県監査委員は門前払いの判断を続け、佐賀県もその方針を全く見直すことはなかった。

そのため、佐賀県、福岡県の弁護士15名により弁護団が結成され（弁護団長　東島浩幸。後に東浦大樹弁護士、髙本稔久弁護士も弁護団に加わった）、住民監査請求に加わった市民を代表する48名（後に75名）によって、２０１３（平成25）年4月23日、住民訴訟（地方自治法２４２条の２）が佐賀地方裁判所に提起された（原告団長　久保浩洋）。吉野ヶ里メガソーラー発電所の移転を求める佐賀県住民訴訟である。

住民訴訟の審理は、①監査請求の期間従過の正当な理由の有無や財務会計上の違法性等、住民訴訟特有の様々な論点に及んだが、中心的課題は、佐賀県が世界に誇る吉野ヶ里遺跡群が有する価値を裁判所に理解させることであった。紙幅の関係上、ここでは、訴状と口頭弁論期日において行われた意見陳述の一部を紹介する。

6　佐賀地方裁判所へ提訴

訴状

２０１３年（平成25年）４月23日

佐賀地方裁判所民事部　御中

原告ら訴訟代理人弁護士　東島浩幸

同　弁護士　馬奈木昭雄

同　弁護士　本多俊之

同　弁護士　宮原貞喜

同　弁護士　紫藤拓也

同　弁護士　小山一郎

同　弁護士　高峰　真

同　弁護士　甲木美知子

同　弁護士　池永　修

同　弁護士　池永真由美
同　弁護士　市橋康之
同　弁護士　渡邉敦史
同　弁護士　山口　修
同　弁護士　徳永由華
同　弁護士　大竹健太郎

当事者の表示
原告　別紙原告目録記載のとおり
被告　佐賀県知事古川康

第1　請求の趣旨

1　被告は、佐賀県土地開発公社に対して、吉野ヶ里メガソーラー計画に基づく、佐賀県神埼市神埼町大字志波屋（吉野ヶ里ニュー・テクノパーク跡地）の土地を対象とする売買代金を支出してはならない

2　被告は、造成工事請負会社に対して、吉野ヶ里メガソーラー計画に基づく、佐賀県神埼市神埼町大字志波屋（吉野ヶ里ニュー・テクノパーク跡地）の土地に関する造成工事代金を支出してはならない

3　被告は、佐嘉吉野ヶ里ソーラー合同会社に対して、佐賀県神埼市神埼町大字志波屋（吉野ヶ里

ニュー・テクノパーク跡地）の土地を提供してはならない

4　被告は、古川康に対し、佐賀県が吉野ヶ里メガソーラー計画に基づいて支出した公金相当額を請求せよ

5　訴訟費用は被告の負担とする

との判決を求める。

第2　請求の原因

1　当事者

（1）原告らは、肩書き地に居住する佐賀県の住民である。

（2）被告は、佐賀県知事であり、佐賀県の公金支出、財産の管理及び処分、契約の締結又は債務その他の義務の負担など財務会計上の行為につき権限を有する者である。

2　原告らが被告に対し損害賠償を求める相手方は古川康県知事である。

3　本件財務会計上の行為及びその違法性

（1）佐賀県は、佐賀県土地開発公社から、吉野ヶ里メガソーラー計画に基づいて、佐賀県神埼市神埼町大字志波屋（吉野ヶ里ニュー・テクノパーク跡地）の土地を代金33億6800万円で購入した（以下、「本件売買契約」という。）。

（2）佐賀県は、吉野ヶ里メガソーラー計画に基づいて、佐賀県神埼市神埼町大字志波屋（吉野ヶ里ニュー・テクノパーク跡地）の土地を造成工事する契約を、造成工事代金約3億9095万8000円で造成工事請負会社と締結した（以下、「本件造成工事請負契約」と

いう。）。

（3）佐賀県は、佐嘉吉野ヶ里ソーラー合同会社と、吉野ヶ里遺跡メガソーラー計画に基づいて、佐賀県神埼市神埼町大字志波屋（吉野ヶ里ニュー・テクノパーク跡地）の土地について、リース料年額100円／㎡、賃料計算対象面積約16haの賃貸借契約を締結した（以下、「本件リース契約」という。）。

（4）上記各財務会計行為が吉野ヶ里遺跡の持つ価値を破壊すること

ア　考古学的・歴史学的価値

吉野ヶ里遺跡は、神埼市神埼町大字志波屋・鶴と神埼郡吉野ヶ里町（旧三田川町大字田手）にまたがる標高7～23mの低地から段丘上にかけて立地している遺跡であり、稲作農耕の開始以来、列島社会に古代国家成立の前提となる原始的国家が形成される過程と、その空間的広がりを、遺跡の変遷から見事に捉えることのできる極めて学術的価値の高い遺跡である。

弥生時代の巨大な環濠集落跡であると同時に、弥生時代の前・中・後期全般を通して変化・拡大していった継続的な集落跡であり、そうした時間的数位の中で、墳丘墓や甕棺墓などの墳墓の形成・発展が集落と対応して捉えられることなど他に例をみない情報量の多さを持っている。

その規模は弥生時代の環濠集落として全国最大であり、幾重にも巡らされた環濠と建物群の形態や配置は、ほかの同時代の集落跡では見られない豊富な内容を持っている。

40haにおよぶ壮大な規模の環濠集落と墳丘墓は、他に例を見ない巨大なものであり、また、巨大な物見櫓跡、高床式倉庫群跡、そして幾重にもめぐらした大小の環濠跡、ひしめく住居群など『魏志倭人伝』の記述とその世界を彷彿とさせる遺跡でもあり、日本の初期農耕社会における地域の政治、経済、宗教的な中心となる都市の出現を物語っている。

また、吉野ヶ里遺跡は弥生時代のみを語る遺跡ではない。縄文時代の土器や石器も多数出土しており、弥生時代が終わり古墳時代になると神埼町伊勢塚等で前方後円墳が築造されるようになり、奈良時代には律令国家の形成に伴いいくつかの郡が設置され、神崎郡衙のような官衙的施設の存在も伺え、さらに地割りや段丘の切通しなどの痕跡により大宰府と肥前国府を結ぶ道路跡が検出されている。

平安時代中期から末期には神埼荘と呼ばれる院領荘園が神埼郡の大部分を占めるようになったと推定されており、この時代の遺跡や出土物から神埼荘の対中国貿易の拠点（平忠盛などが活躍）としての性格を伺わせている。

中世になると武士階級が実質的支配権を確立したと考えられ、山麓部の山城や平野部の水路に囲まれた環濠集落・館などが多数存在している。

すなわち、吉野ヶ里遺跡は縄文時代から連綿と続く日本人の歴史を表す遺跡なのである。我々日本人が紡いできた歴史を語る遺跡なのである。日本人のアイデンティティー、ルーツを探るうえでも非常に重要なものであり、吉野ヶ里遺跡の価値は佐賀県民だけでなく日本人全てにとってかけがえのない財産といえるのである。

そして、このような縄文時代からはじまり弥生時代の大規模な環濠集落や墓地、さらに奈良・平安時代の大規模な建物群の広大な範囲に広がりをもつ遺構の状態が面的に把握される例は少なく、研究史上でも非常に貴重な資料になるものである。

その重要性を裏付けるように、昭和61年の発掘調査で発見された後、平成２（１９９０）年５月には異例の速さで史跡指定、翌年５月には特別史跡に昇格した。さらに特別史跡約22haを中心に約

117haを国営公園（54ha）と県営公園（63ha）として整備されることとなった。

そして、国営公園として整備された地域は、弥生時代には主に祭祀や王族等の支配者層が居住していた場所と考えられており、対して、発電施設が設置される予定となっている本件土地は当時の庶民層が主に居住していた場所であると考えられている。

当時の国家体制や国の支配者と庶民の生活様式の違い等を研究するためには、支配者層と庶民層を比較することが不可欠であるため、支配者層が居住していた部分と庶民層が居住していた範囲の保存が必要である。

そして、吉野ヶ里遺跡はその両者が存在している奇跡的な遺跡なのである。したがって、本件土地も含めた吉野ヶ里遺跡全体を保存することが必要なのである。

よって、本件土地に発電施設を設置することは吉野ヶ里遺跡の考古学的・歴史学的価値を破壊するものである。

イ　民俗学的・文化的価値

吉野ヶ里遺跡は、『魏志倭人伝』の記述にある邪馬台国を彷彿とさせる遺跡であり、邪馬台国の場所論争の折に九州説の根拠として語られ、近畿説と九州説の激しい論争の契機となった遺跡である。

実際に、吉野ヶ里歴史公園では卑弥呼を由来とするキャラクターであるヒミカをマスコットにしており、吉野ヶ里遺跡が邪馬台国を語る上で重要なものであることを吉野ヶ里歴史公園も理解しているといえよう。

また、吉野ヶ里遺跡は徐福渡来伝説とも関わりのある遺跡である。

徐福渡来伝説とは、秦の始皇帝から不老不死の妙薬を探すように命じられた徐福が、中国の伝説にある蓬莱山と富士山を同一視して日本に渡来したというものである。

実際に吉野ヶ里遺跡から8キロの場所にある金立神社では徐福が祭神として祀られており、吉野ヶ里遺跡で暮らしていた者たちは渡来人の子孫なのではないかと研究されている。

徐福渡来伝説に語られるような富士山と蓬莱山を同一視する伝説は竹取物語にも見られ、文学的にも興味深い。

そして、吉野ヶ里遺跡は平安時代の平家と縁の深い遺跡でもある。

鳥羽上皇の所領であった神崎荘は現在の神埼郡全域にわたる大きな荘園であり、かつ、平清盛の父忠盛が荘官を務め、宋国との貿易を通じて財力をつけた場所でもある。

平清盛が武士として初めて政権を握るまでに平家が成長できたのは、神埼の地を経済基盤にしたことが大きな要因と考えられている。

このように、吉野ヶ里遺跡は、邪馬台国、徐福渡来伝説、平清盛と歴史上の伝説や逸話とも深く関係する遺跡でもある。

そのため、古代史を研究する者にとって吉野ヶ里遺跡は民俗学的・文化的に非常に重要な土地である。また、研究者だけでなく多くの古代史ファンにとって唯一無二の遺跡である。

したがって、民俗学的・文化的観点からも吉野ヶ里遺跡は全面的に保存されてしかるべきなのである。

しかしながら、吉野ヶ里遺跡の上に発電施設を設置すると、その場所での今後の研究が困難となる。

よって、本件土地に発電施設を設置することは吉野ヶ里遺跡の民俗学的・文化的価値を破壊するものである。

ウ　吉野ヶ里遺跡の景観の価値

景観は、良好な風景として人々の歴史的または文化的環境を形作り、豊かな生活環境を構成する場合には、客観的価値を有し、法律上保護されるものである（広島地裁判決平成20年2月29日）。

そして、遺跡における景観を語る上では、その遺跡周辺の遺跡群を文化的・景観的に捉える必要がある。

吉野ヶ里遺跡の景観上の特徴は、遺跡上から周辺を見渡した時に、3階建て以上の人工物が目に入らないことである。遺跡群の周辺の景観も含めて保存されている状態は珍しく、吉野ヶ里遺跡はその景観も素晴らしい価値を持っている。

このような吉野ヶ里遺跡群の景観は、吉野ヶ里遺跡の特徴として、まさに良好な風景として人々の歴史的または文化的環境を形作っており、豊かな生活環境を構成している。

そして、この景観は吉野ヶ里遺跡が発掘されてから以降、佐賀県民がずっと享受してきたものである。また、吉野ヶ里遺跡の景観は、上記の考古学的・歴史学的価値、民俗学的・文化的価値を想起させるものとして、これらの価値と融合し、吉野ヶ里遺跡だけにしかない景観を作り出しているのである。

そして、このような吉野ヶ里遺跡の景観上の価値は、吉野ヶ里遺跡が他に例を見ない遺跡であることを考えると、佐賀県民だけでなく日本人すべてが享受すべきものである。

しかしながら、吉野ヶ里遺跡上に発電施設を設置すれば、吉野ヶ里遺跡の景観を明らかに破壊する。そのため、発電施設の設置は吉野ヶ里遺跡の景観を享受する人々の権利利益を侵害するものである。

エ　世界遺産認定の基準に該当するほどの遺跡であること

世界遺産に選ばれるためには国連が定めた登録基準10個の要件のうち1つに該当し、かつ、真実性

（オーセンティシティ）や完全性（インテグリティ）の条件を満たし、締約国の国内法によって、適切な保護管理体制がとられていることである。

そして、吉野ヶ里遺跡は、建築、科学技術、記念碑、都市計画、景観設計の発展に重要な影響を与えたある期間にわたる価値観の交流又はある文化圏内での価値観の交流を示すものであり、ある文化的伝統又は文明の存在を伝承する物証として無二の存在であって、歴史上の重要な段階を物語る建築物、その集合体、科学技術の集合体、あるいは景観を代表する顕著な見本でもあり、あるひとつの文化または複数の文化を特徴づけるような伝統的居住形態若しくは陸上・海上の土地利用形態を代表する顕著な見本であり、人類と環境とのふれあいを代表する顕著な見本であり、そして、顕著な普遍的価値を有する出来事（行事）、生きた伝統、思想、信仰、芸術的作品、あるいは文学的作品と直接または実質的関連がある。

そのため、10の要件のうち5つに該当するという優れた遺跡であり、まさに世界遺産として登録されるべき遺跡である。

もっとも世界遺産として認定されるためには、完全性と適切な保護体制という要件も必要であり、そこでは遺跡の景観も重視される。このことは石見銀山遺跡とその文化的景観が世界遺産として登録されていることから明らかである。

しかしながら、発電施設が吉野ヶ里遺跡に設置されれば、その景観が破壊され、完全性の要件と適切な保護管理体制がとられていることという要件を欠くことになり、永久に世界遺産として登録される機会を奪ってしまうことになる。

しかも、佐賀県は、発電施設を設置することによって吉野ヶ里遺跡の世界遺産登録が不可能になるか否かの検討すらしていないのである。

オ　相手方の裁量権の逸脱・濫用

以上のことから、吉野ヶ里遺跡は佐賀県のみならず日本を代表する唯一無二の遺跡であり、比類のない豊富でかつ質の高い情報を持つ歴史上欠くことのできない国家的な歴史遺産である。

厳島神社、法隆寺、姫路城、石見銀山遺跡とその文化的景観といった日本の各世界遺産と比較しても何ら遜色なく、本来世界遺産として申請を行ったうえで景観的な状況も含めて保存を行い後世に残していくべき土地である。

しかしながら、本件の売買契約、造成工事請負契約、リース契約に伴う発電施設の設置によって上記の吉野ヶ里遺跡の価値が破壊されてしまう。

文化保存法上の記録保存区域となったからといって、土地上に発電施設を設置してよいものではないのである。

発電施設の設置行為は、吉野ヶ里遺跡に対する研究を不可能にすることによって歴史的な遺跡の価値を享受する権利利益を侵害し、景観を破壊することによって遺跡の景観を享受する権利利益を侵害するものであって、環境・文化破壊である。

よって、本件の売買契約、造成工事請負契約、リース契約及びこれらに伴う公金支出は相手方の裁量権の範囲を逸脱・濫用したものであり、地方財政法4条、同法8条、文化財保護法3条、景観法4条・佐賀県美しい景観づくり条例3条1項違反の趣旨に反し違法である。

（5）リース料金で支出が回収できないこと

略

（6）メガソーラー計画が事業として成り立たない可能性が高いこと

略

（7）地方財政法8条違反

地方公共団体の財産は、常に良好の状態においてこれを管理し、その所有の目的に応じて最も効率的に、これを運用しなければならない（地方財政法8条）。

当該規定は訓示規定ではなく、良好、効率的な管理、運用に明らかに反する行為は違法となる（浦和地裁判昭52年1月28日）。

吉野ヶ里遺跡は上記の価値をもつ遺跡であるから、吉野ヶ里遺跡の土地の良好、効率的な管理運用とは、上記価値を佐賀県民、ひいては日本国民が享受することができるような管理運用であることは自明の理である。

しかしながら、本件の売買契約、造成工事請負契約、リース契約は、吉野ヶ里遺跡の景観を破壊し、研究を困難にするものであって、明らかに吉野ヶ里遺跡の上記価値を佐賀県民・日本国民が享受することができる管理運用ではない。

よって、本件の売買契約、造成工事請負契約、リース契約及びこれらに伴う公金支出は地方財政法8条に違反し違法である。

（8）文化財保護法3条違反

遺跡そのものだけでなく、地域における人々の生活又は生業及び当該地域の風土により形成された景観地で我が国民の生活又は生業の理解のため欠くことのできないもの（文化的景観）、周囲の環境と一体をなして歴史的風致を形成している伝統的な建造物群で価値の高いもの（伝統的建造物群）は、文化財として保護されるものであり（文化財保護法2条3項・4項）、地方公共団体は、文化財がわが国の歴史、文化等の正しい理解のため欠くことのできないものであり、且つ、将来の文化の向上発展の基礎をなすものであることを認識し、その保存が適切に行われるように、周到の注意をもつてこの法律の趣旨の徹底に努めなければならない（同法3条）。

本件の売買契約、造成工事請負契約、リース契約は、吉野ヶ里遺跡そのもの、吉野ヶ里遺跡の文化的景観、そして、遺跡に埋蔵する歴史的建造群を破壊する行為である。

そのため、佐賀県は吉野ヶ里遺跡を適切に保存しておらず、周到の注意をもつてこの法律の趣旨の徹底に努めていない。

よって、本件の売買契約、造成工事請負契約、リース契約は文化財保護法3条に違反するものであって違法なものである。

（9）景観法4条・佐賀県美しい景観づくり条例3条1項違反

景観法はその基本理念として、良好な景観は、美しく風格のある国土の形成と潤いのある豊かな生活環境の創造に不可欠なものであることにかんがみ、国民共通の資産として、現在及び将来の国民がその恵沢を享受できるよう、その整備及び保全が図られなければならず、また、良好な景観が、地域の固有の特性と密接に関連するものであることにかんがみ、地域住民の意向を踏まえ、それぞれの地域の個性及び特色の伸長に資するよう、その多様な形成が図られなければならず、そして観光その他の地域間の交流の促進に大きな役割を担うものであることにかんがみ、地域の活性化に資するよう、地方公共団体、事業者及び住民により、その形成に向けて一体的な取組がなされなければならず、現にある良好な景観を保全することのみならず、新たに良好な景観を創出することを含むものであることを旨として、良好な景観の形成を行われなければならないとする（景観法2条）。そして、地方公共団体は、基本理念にのっとり、良好な景観の形成の促進に関し、国との適切な役割分担を踏まえて、その区域の自然的社会的諸条件に応じた施策を策定し、及び実施する責務を有する（同法4条）。

また、佐賀県は、景観づくりに関する基本的かつ総合的な施策を策定し、及び実施するとともに、景観に配慮した公共事業の実施に取り組む責務を有する（佐賀県美しい景観づくり条例3条1項）。そのため、佐賀県は、吉野ヶ里遺跡の景観を守るための施策を策定、実施しなければならない。

しかしながら、本件の売買契約、造成工事請負契約、リース契約は、吉野ヶ里遺跡の景観を破壊する行為である。

よって、本件土地上に発電施設を設置するために締結された本件売買契約、造成工事請負契約、リース契約は、景観法3条、佐賀県美しい景観づくり条例3条1項に違反し、何より景観法2条及び佐賀県美しい景観づくり条例3条1項の理念に背いた行為であり違法である。

(10) 他に適した土地が存在すること

略

(11) 観光地としての有利性

略

1　損害の発生

略

2　監査請求前置

略

3　よって、原告らは地方自治法242条の2第1項1号、同項4号に基づき本訴に及んだ次第である。

意見陳述書

2013年8月9日

佐賀地方裁判所民事部　御中

原告兼相原告ら訴訟代理人弁護士　東島浩幸

1．本件訴訟の意義

本件訴訟は、吉野ヶ里メガソーラー計画にかかる土地売買契約、土地造成工事請負契約、メガソーラー会社への土地賃貸借契約を問題としている。

(1)　まず、注意して頂きたいのは、本件訴訟は、メガソーラー（大規模太陽光発電）という発電方法の是非でも原子力発電という発電方法の是非でもない。

(2)　本件訴訟の本質は、第一に、吉野ヶ里遺跡群及びその周辺をその価値・特質に照らして、どのように保存・利用するかという問題である。

そのためには、吉野ヶ里遺跡群の歴史学的価値、文化的価値等の価値を正しく把握することが必須である。

閣議決定によって吉野ヶ里遺跡のうち45haが国営歴史公園化され、県営公園もあわせると117ha

の土地が保存されることとなった。本件土地はその歴史公園に隣接する場所で、吉野ヶ里遺跡群の重要な一部である。

吉野ヶ里遺跡群の価値は、弥生時代初期から晩期までを貫く弥生の環濠集落というだけではない。付近には古墳時代の古墳群、本件土地にある律令制時代の神埼郡衙跡、大宰府からの官道跡、平安後期の神埼荘の遺跡跡（平忠盛などが日宋貿易で活躍）など、古代国家の生成、発展、中世への変容を関連付けてたどれる希有な遺跡群であるというところに我が国内でも他に類のない価値がある。我が国の国営歴史公園は、明日香村の高松塚古墳と吉野ヶ里のみであり、時代を貫くのは吉野ヶ里しかない。

それは希有な学術的、文化的価値があるということはもとより、文化財保護法3条、景観法で保護される歴史的景観、文化的景観に該当するものであり、吉野ヶ里メガソーラー計画の各財務会計行為は、それらを侵害する違法がある。

また、当然、同計画は、地方自治体の財産の利用という点からも問題である。地方自治体の財産中でも、お金や預貯金には色も特色もない。土地もお金だけでしか換算されない土地もあるかもしれない。しかし、本件財務会計行為の対象となっている土地は、吉野ヶ里遺跡群の中にあり、その歴史学的・考古学的価値を考慮した場合、地方財政法8条の最善の利用方法として、メガソーラー事業地としての利用は遺跡群を破壊もしくは遺跡群の価値を著しく毀損するものであり、裁量権の逸脱となる。

(3)　本件訴訟の本質の第二は、吉野ヶ里メガソーラー計画は、大幅な赤字の事業に過ぎず、経済性がないという問題である。

それは、経済的にも最少の経費で最大の効果を規定する地方自治法にも違反する。

仮に、佐賀県にメガソーラー計画が自然再生エネルギーの普及という目的があるとしても、吉野ヶ里に建てること自体が目的ではありえない。すると、経済的にペイする候補地は休耕田その他佐賀県内でいくらでもあり、自ら手を挙げた土地もたくさんあったのである。このように吉野ヶ里メガソーラー計画は、地方自治体が考慮すべき経済性の裁量にも反している。

2. 本件の進行について望むこと

第一に、本件の本質の第一に関連し、本件土地を含む吉野ヶ里遺跡群の希有な歴史学的、文化的価値を慎重にかつ深く、審理して頂きたい。

第二に、吉野ヶ里遺跡群の価値を十分に吟味するため、本件訴訟の中で、現地での検証または進行協議をするよう強く求める

意見陳述書

２０１３年（平成25年）８月９日

佐賀地方裁判所民事部　御中

原告　久保浩洋

第１　はじめに

原告の久保浩洋と申します。私は佐賀大学に教員として１９５３年から約40年勤務しました。専門は生態学でした。戦後高度成長期に伴う自然破壊や公害、そして埋蔵文化財の破壊を黙視することが

できず、仲間達と共に今日まで関わり続けてきました。

吉野ヶ里遺跡の一部が保存されるようになった経緯は、この後太田記代子さんからお話しいただきますが、それは多方面な多くの人々のご尽力の賜物であったことは勿論のことですが、この遺跡群が、それこそ「日本の古代史を書き替える」程の貴重な価値を持っているからなのです。

これから改めて吉野ヶ里遺跡群の価値について、若干の私見を申し上げたいと思います。

第2　吉野ヶ里遺跡群の価値

1　我が国の弥生時代についての数少ない文献、「魏志倭人伝」の邪馬台国の記述を彷彿とさせる遺跡が日本最大級の環濠集落として実在した。これが吉野ヶ里遺跡群の全国報道で人々を驚かした一番の理由でした。
2　従来、弥生時代の国々の中心は近畿など中央部付近という学説が多かったのが、吉野ヶ里発掘以降、北部九州、しかも玄界側だけでなく、有明海側も有力な地域と考えられるようになりました。
3　吉野ヶ里では、弥生時代の始まりから終わりまでの全期間の移行・発展状況が調査されました。これは全国的にも稀な遺跡です。
4　吉野ヶ里は環濠集落が大きいだけでなく、弥生時代のクニとしての集落内の階層分化の進行を示す大型墳丘墓や大型掘立柱建築などの建造物が発掘されました。
5　近畿・中国地方の弥生時代の墓では人骨は残っていません。一方、北九州の弥生時代の墓は甕棺墓が多いのです。甕棺墓だと人骨や副葬品も残存し易いそうです。吉野ヶ里からは３０００基余りの甕棺が出土し、そのうちに３００体余りの人骨が残っていました。

この人骨中に、明らかに首を切断された遺骨や、鏃や刃物の先が体に多数突き刺さった遺体などが発見されました。それまで弥生時代は平穏な時代と思われていましたが、吉野ヶ里以降、弥生はわが国での戦乱の始まりの時代と考えられるようになりました。また、人類学の松下孝幸氏によれば、吉野ヶ里の人骨と中国各地、朝鮮半島各地などの人骨とを広く比較してみると、吉野ヶ里弥生時代の人骨は山東省の古人骨に最も近いそうです。そうであれば、弥生の吉野ヶ里人は中国からの渡来人の可能性が高いということになります。

6　また、吉野ヶ里の出土品である青銅製品及びその鋳型、鉄器類、絹織物などの中には、中国や朝鮮半島との直接的な交流をうかがわせるものが多いようです。農学の和佐野喜久生氏によれば、吉野ヶ里出土の農機具類は朝鮮半島系が多いが、水稲の品種は朝鮮半島経由と思われる単粒系と中国の長江下流域から直接渡来したと思われる長粒系とが混じっているそうです。なお、稲作農業の開始時期が弥生時代の始まりとされていますが、吉野ヶ里遺跡群からはまだ、弥生時代の水田や灌漑水路などは発見されていません。

7　吉野ヶ里遺跡群の貴重さで忘れてはいけないことは、ここは弥生時代だけでなく、旧石器・縄文時代から連続して平安・鎌倉時代までの遺跡が複合して残っていることです。例えば、国営公園内部の北部と公園外側の北西・北東部にまたがる広範な地域には、律令時代の郡官衙跡が埋蔵されています。公園の内部だけでなく、外側の吉野ヶ里丘陵一帯が複合遺跡なのです。丘陵の北側には、伊勢塚古墳や三津永田遺跡、丘陵の少し南側には、平安時代の神埼荘内の日宋貿易拠点として有名な下中杖遺跡があります。吉野ヶ里遺跡群は古代史は勿論のこと、その後の歴史を連続してたどることが可能な、日本でも数少ない貴重な遺跡なのです。

8　そして、考古学の専門家によれば、吉野ヶ里遺跡群の発掘調査はまだ終了しておらず、今後も発掘により歴史を書き替える新たな事実が判明する可能性があるのです。

9　更に、吉野ヶ里遺跡群の優れていることの一つは、広々とした景観ではないでしょうか。物見櫓からみると北は脊振山系、南は広々とした佐賀平野の田園風景、天気が良ければ有明海を越えて遠く雲仙や多良山系が見えます。この景観と日本の歴史を書き替える遺跡価値とが相俟って考古学者を含む多くの人々が、吉野ヶ里遺跡群は弥生遺跡としてわが国唯一の世界遺産候補と言っているのでしょう。

第３　最後に

以上、吉野ヶ里遺跡群についての私見を申し上げましたが、このようなかけがえのない場所に、16ヘクタールもの広い面積にメガソーラーを設置するとは、先に述べたかけがえのない貴重さを全く理解しない仕業であり、佐賀県の責任者としての良識が問われる行為と言わざるを得ません。一県民として全く情けない出来事であります。ただちにこのメガソーラーを撤去し、他の場所に移設されるよう要望いたします。

意見陳述書

２０１３年（平成25年）８月９日

佐賀地方裁判所民事部　御中

原告　太田記代子

1　原告の太田記代子と申します。吉野ケ里遺跡の発見者であり、神崎高校の教師でもあった故七田忠志先生の教え子の一人です。

七田先生は、吉野ケ里をはじめとする佐賀の遺跡を守るため、母校の大学教授のポストも辞退されて、生涯、佐賀県の一高校教師を通されました。大きな体に、掘り出された土器類や研究成果を詰め込んだ大きな風呂敷包みを肌身離さず持ち歩かれ、生徒たちに「この場所には、日本の歴史を書き換えるものが埋まっている」と情熱的に語っておられたお姿を、今でも昨日のことのように想い起こします。

2　それから長い歳月が流れ、七田先生は、吉野ヶ里遺跡が脚光を浴びる日を待たず、1981年、他界されました。私は医師となり、内科・小児科医として経験を積んだ後、1984年、保健所長として佐賀県に戻りました。

1989年2月23日のことでした。朝日新聞の朝刊一面に、吉野ヶ里遺跡の写真が掲載され、『邪馬台国時代の「クニ」——「倭人伝」の記述と対応』という大見出しが躍りました。私は、七田先生のご功績がようやく認められたと、早春の空に向かって叫ばんばかりに歓喜し、保存運動をしなければと思いました。

しかし、時すでに、吉野ケ里丘陵地の67haは、佐賀県によって工業団地化が決まっており、考古学者の江永次男先生をはじめとする専門家の保存要請もかなわず、1989年1月25日に起工式を終え、3月10日には造成工事が本格着工されるばかりとなっていました。

朝日新聞の報道を皮切りに吉野ヶ里は一躍全国の考古学者や考古学ファンの注目を集め、全国からものすごい数の見物客が吉野ヶ里に押し寄せましたが、佐賀県は、１９８９年３月７日に工事着工の一時停止と18 haの保存を決めたのみで、工業団地計画を翻すことはありませんでした。

七田先生の教え子である私も保存運動の輪に加わりました。佐賀県の管理職の一保健所長が県に逆らうのですから、その大変さは想像していただけると思います。「県の職員のくせに」と四面楚歌の毎日でした。

佐賀県は、１９８９年11月２日には工業団地の工事安全祈願祭を執り行い、12月20日には吉野ヶ里遺跡全面保存を求める請願を不採択とし、粛々と着工の準備を進めていました。このような佐賀県の対応に、吉野ヶ里遺跡の全面保存を求める市民運動は県の内外や宗教、政治的立場を問わず、かつてない規模に広がり、22万人を超える賛同の署名を得ました。

１９９０年５月19日、ついに、文化庁が、国史跡指定を決定されました（22 ha）。このとき、佐賀県は、工業団地として45 haを残す併存案のままでした。

しかし、吉野ヶ里遺跡の全面保存を求める市民の声は国を動かし、１９９１年５月28日、文部省は、吉野ヶ里遺跡を特別史跡指定に決定し、同年７月１日、ようやく佐賀県は、工業団地計画白紙撤回しました。

こうして、１９９２年10月27日、吉野ヶ里遺跡54 haの国営公園化が閣議決定され、県営公園を含め１１７haの吉野ヶ里遺跡が保存されることになったのです。

３　ところが、佐賀県は、閣議決定の僅か11ヶ月後の１９９３年９月27日、再び吉野ヶ里の一角を工業団地として造成する計画（吉野ヶ里ニューテクノパーク構想）を打ち出しました。佐賀県が工業団地計画の白紙撤回を表明したことを受けて国営公園化を決めた国にとっても、だまし討ちのような構想でした。しかし、この吉野ヶ里ニューテクノパーク構想も、8年に及ぶ反対運動によって吉野ヶ里遺跡群は破壊から守られました。

そこに三たび浮上したのが、このメガソーラー計画なのです。

4　私は長年、保健所長として地域住民の健康の増進と公衆衛生に携わってきました。そのなかで確信したことは、教育の充実と自然環境の保全こそが住民の心身の健康の基本であるということです。

吉野ヶ里の一帯は、古くから、粗末にしたら罰が当たるという言い伝えが脈々と受け継がれ、遺跡と景観が非常によい状態で保存されてきました。甕棺の多く埋まる祖霊の地を躊躇なく造成し、吉野ヶ里の自然と文化、歴史とが融合した豊かな景観を破壊することは、佐賀県民の文化性を問われますし、青少年の精神性にも悪影響を及ぼします。

吉野ヶ里遺跡は、徐福、鑑真、王仁、吉備真備に関わる国際的な文化親善の場であり、アジア諸国にとって、平和の遺跡です。その豊かな景観とともに広大な自然公園として、日本のみでなく、アジア・ヨーロッパ・アメリカ・アフリカからも見学者が来られるような魅力的な歴史公園とし、その来訪者を明治維新の佐賀市に回遊観光してもらえば素晴らしく、理想的です。

佐賀県は、2つの海を持ち、農業県でもあり、山海の珍味に恵まれ、有田・伊万里は世界的で、こんなに可能性を秘めた県も珍しいと思います。観光産業は最も公害を出さない即効性の高い産業だと思います。

佐賀県は、一度ならず、二度、三度と国の宝である吉野ヶ里遺跡群を破壊しようとし、その都度、他県の方々をはじめとする良識有る国民によって吉野ヶ里遺跡群は守られてきました。このような国民の良心に恥じぬよう、遺跡を守り、後世に誇れる佐賀県であって欲しいと切に願います。

意見陳述書

２０１３年（平成25年）11月８日
佐賀地方裁判所民事部　御中

原告　牟田一彌

第１　はじめに

原告の牟田一彌《むたいつや》と申します。私は、京都大学名誉教授ならびに佐賀大学名誉教授の称号を賜っています。在職中の教育研究の専門分野は、電気電子工学です。

私は、佐賀県、旧神埼郡仁比山村（現神埼市）大字鶴字右原に生まれ育ちました。私の住んでいた右原部落は「国営吉野ヶ里歴史公園」から西に約１㎞、肥沃な田園のほぼ中央部に位置し、右原部落世帯のほとんどが、「吉野ヶ里メガソーラー発電所」一帯を所有していました。

私は幼い頃より父が相続していた当該地帯にある２００坪ほどの畑仕事の手伝いをしていました。畑は竹林や雑木林に囲まれ、そこから多くの土器類が出土していました。

私は佐賀県立神埼高等学校に進学し、「日本史」を七田忠志先生に習い、吉野ヶ里周辺一帯に石器から平安時代等の遺構が沢山あることを教示頂きました。先生の授業は考古学に花が咲きすぎて、なかなか先に進まなかったのも、今では懐かしい思い出です。この授業で教わったように、例えば、吉野ヶ里の北西に位置する城山や日の隈山裏に連なる一帯に行って、土器類をむき出しの地層や洞窟の中で多く発見しました。また、先生から、律令時代の「神埼庄」の存在とその保存の意義も学びました。

七田先生は四季を問わず、志波屋の自宅から高等学校まで吉野ヶ里丘陵地帯の沿道を、色あせた緑色のビニール包みを自転車の荷台にしっかり固定して通勤されていました。荷物には吉野ヶ里に関する資料が詰まっていたのです。まさに、ＮＨＫの「プロジェクトＸ」で紹介されたような光景でした。申すまでもなく、吉野ヶ里遺跡を発見した最大の功労者です。

さて、周辺を含めた吉野ヶ里遺跡群の更なる保存拡充の意義や、「吉野ヶ里メガソーラー発電所」の撤去・移転要望についての事由は、先回の8月9日期日での久保浩洋佐賀大学名誉教授や高校の先輩である太田記代子先生の意見陳述と全く同様であり、割愛します。ここでは、日本のエネルギー政策の現状を少し俯瞰しながら、「吉野ヶ里メガソーラー発電所」事業について考察し、その発電所の撤去・移転を求める理由を述べます。

第2　2011・3・11福島第一原子力発電所事故後の日本のエネルギー政策への影響

3・11福島第一原発事故以降も、政府はデフレ脱却のための景気回復を重視し、また持続可能な「経済成長戦略」の一つとして原子力インフラの輸出、原発再稼働の方針を変えていません。ですが、今後全電力の原子力や再生可能エネルギー（狭義の自然エネルギー）等の比率（ベストミックス）を如何にするか重要な議論が未だ煮詰まっていない中でも、「固定価格買取制度（ＦＩＴ：フィード・イン・タリ）」（２０１２年7月施行）導入により、再生可能エネルギー資源の活用は加速されています。私も、今後も強く活用すべき重要なエネルギー資源と考えます。

第３　「吉野ヶ里メガソーラー」発電所

１　太陽光発電について

太陽電池は、１９５０年代に米ソにより人工衛星用電源として実用化が進められました。日本では１９７３年の第一次石油ショックに端を発し、長期にわたる国家プロジェクトにおいて技術開発が推進されました。今では、太陽電池の技術革新と大量生産効果もあり、その価格は２０００年代に入り飛躍的に安くなりました。その結果、ＦＩＴ法にも支えられ、太陽光発電設備の初期投資額より売電収入が上まわるようになり、分散電源事業として成立するようになりました。

太陽電池のエネルギー変換効率と発電力は日射量と温度に複雑に依存して変わる特徴があります。１９８０年代に入って私が世界最初に行った、超電導コイルに太陽電池の電気を最大効率・最大出力で貯蔵する先導的研究の過程で、予測された結果であったが日射量の多い夏場に発電量は大きくなります。反面、太陽光パネル表面温度が60～70℃になり、そのような高温下では太陽電池の発電力が低下することをモニターしました。

したがって、多数の太陽光パネルを結線した大規模メガソーラー発電所（１ＭＷ＝１０００ｋｗ以上）で懸念されることは、このパネル表面温度上昇でホットスポットが生じ、住環境への気温上昇影響です。また、太陽光パネル表面での反射光が周囲に当たるため、遮光対策を行う必要があります。

さらに、太陽光パネルの下部周辺に育つ雑草の害虫発生で、周辺環境への被害も想定されることから、吉野ヶ里のような稲作地帯に置いた場合こまめな除草が必要となります。さらにまた、紫外線や気温変化等で経年劣化が加速され、太陽電池の微細な接続回路などの焼損による火災も想定されます。

したがって、大規模メガソーラー発電所設置に当たっては法制上はまだ規定されていない環境アセスメントが実施される必要があると考えます。

2　「吉野ヶ里メガソーラー発電所」事業の背景と施設についての考察

２０１１年3月の東日本大震災における福島第一原発（4基）事故停止以後、早くも同年6月の佐賀県議会で古川知事が「吉野ヶ里メガソーラー」プロジェクトを発表しました。日本一の「太陽光王国」スローガンを掲げ、場所は長年塩漬けの空き地となっていた「国営吉野ヶ里歴史公園」の北部空き地でした。県は、それを所有していた佐賀県土地開発公社と16ヘクタールの土地の売買契約を行いました。その上でメガソーラー発電所用地として整備しました。

しかしながら、「吉野ヶ里メガソーラー発電所」は運営会社を潤すことはあっても、県に雇用の創出といった利点もなく、ただ負債を膨らませるだけの事業なのです。

諸条件を考慮し、「吉野ヶ里メガソーラー発電所」の発電容量を試算すると、16ヘクタールの面積に対して発生できる発電容量は約12ＭＷとなると思われます。これは今年7月から運営会社が掲示している「施設概要」パネルの公称発電容量12・０７７ＭＷに一致します。

運営会社側からの見積もりは情報開示されていませんが、発電容量12ＭＷを前提とした私の試算では、年間売電収入は、設備の年間稼働率を13％、単価42円／ｋｗｈとして、約6億1千億円。したがって、20年間の総売電収入は、約１２２億5千万円と予想されます。この額から、諸経費を引いても、総売電収入は１００億円を下らないでしょう。一方、私の試算による初期投資は、総額約68億円となります。したがって、ザックリ見積もって、20年間の総事業収益は32億円超で、11～13年間で初期投資を回収できるでしょう。

他方、「吉野ヶ里メガソーラー発電所」計画に基づく、土地の売買代金や造成工事代金の総額は約

37億6千万円となっています。そして運営会社へのリース料は年額1平方メートル当たり１００円で、賃貸面積16ヘクタール（16万平方メートル）からのリース収入は年間約１６００万円、20年間リースで約3億2千万円（県の払う固定資産税相当額）になります。よって、投資回収率は、3・2億円／37・6億円＝約8・5％に留まります。県の債務は、現在７２００億超（「県庁だより」）で、県債務額を膨らます計画と言えるのです。

第４　最後に

私の故郷に「国営吉野ヶ里歴史公園」が開設されたことは、実に嬉しく思います。しかし、その北部丘陵地帯や周辺地域にも多くの貴重な遺構が今なお残っているにも拘らず、形式的な遺跡調査はされたものの保存する価値が低いと判断され、全体をメガソーラー発電所で覆い隠されている状況は極めて残念に思います。

この地域は私を含め近隣住民が先祖代々から所有していた土地でもあり、それらの価値を住民が肌で感じとっていた歴史遺構を「後世への最大遺物」として保存するのが今ある我々に課せられた責任と考えます。また、この「吉野ヶ里メガソーラー発電所」は、県債務を膨らませるプロジェクトであることをかえりみず県民負担を増幅し、かつ雇用に資することもない。とりわけ重大なこととして、先輩関係諸氏の努力の賜物である「国営吉野ヶ里歴史公園」自体の評価・景観を壊すこと、さらには気温上昇や害虫被害などの住環境や稲作への影響懸念もあります。自然豊かな郷土にとって、広範囲にわたるギラギラ光る無機質な施設は極めて異質な印象を与えます。

昨今、アメリカ発の新自由主義に基づく「市場経済至上主義」が日本の産業政策をも揺るがしている中、スローでエコな「太陽光王国」への取組みには賛成です。ですが、今この場所での「吉野ヶ里メガソーラー発電所」設置だけは特段の必然性がなく、日本の貴重な生活文化遺産の破壊につながる。これに、将来を見据えず短絡的な貧しい見識しか持たない佐賀県行政の愚行として怒りを覚えます。

時間の制約上、意を尽くせないところがありますが、裁判官には、客観的かつ妥当な判断を下されることを願って、「吉野ヶ里メガソーラー発電所」の撤去・移設を強く要望し、意見陳述を終わります。

7　福岡高等裁判所へ控訴

佐賀地裁判決

一審の佐賀地裁の審理では、原告らは、佐賀県の責任者であった古川康元佐賀県知事に加え、専門家証人として小笠原好彦先生（滋賀大学名誉教授）、鈴木重治先生（元同志社大学講師）、そして現地検証を求めた。

ところが、佐賀地裁は、２０１５（平成27）年８月７日の第12回口頭弁論において、原告らが求めた証拠調べをすべて却下し、審理を終結させた。

２０１５年10月９日に言い渡された一審判決は、原告らの訴えをすべて退けるものであった。とりわけ、事業用地の造成工事において地中に存する埋蔵文化財が物理的に破壊されたことが一応推認されるとしながらも文化財保護法上の違法は認めないという驚くべき判断も示した。

福岡高裁、最高裁の判断

市民らは直ちに控訴を行い、審理は福岡高裁に移された。ここでも、福岡高裁の審理で行われた意見陳述の一部を紹介する。

控訴理由要旨

２０１６年（平成28年）４月15日
福岡高等裁判所第３民事部　御中

控訴人ら訴訟代理人弁護士　池永　修

１　本件は、被控訴人である佐賀県が、我が国有数の複合遺跡である吉野ヶ里遺跡群のほぼ中心に広がる吉野ヶ里ニュー・テクノパーク跡地をメガソーラー発電所の事業用地とすべく進めてきた、佐賀県土地開発公社からの用地取得、取得後の造成工事、造成地の賃貸という一連の吉野ヶ里メガソーラー事業に対して、佐賀県の住民が提起した住民訴訟です。

この一連の事業の実体は、平成元年に環濠集落が発見されたことによって頓挫した神崎工業団地計画をはじめとする佐賀県土地開発公社の事業失敗によって生じた多額の負債と不良資産を佐賀県が肩代わりすることを目的としたものであり、メガソーラー事業というのも用地取得を理由づけるために

裁判所前集会（福岡高裁前）

佐賀県が考えた苦肉の策にすぎません。

このような土地開発公社の事業失敗の肩代わりのために、36億円を超える莫大な公金が支出され、地域住民が不断の努力によって守り続けてきた吉野ヶ里遺跡群のほぼ中央が16ヘクタールもの桁外れのメガソーラー発電所用地に造成され、到底採算のとれない低廉な賃料で営利目的の民間企業に賃貸されています。吉野ヶ里遺跡群に形成された豊かな歴史的、文化的な景観は、見渡す限りソーラーパネルで埋め尽くされています。

2　本件訴訟に先立って行われた住民監査請求には約1500名もの住民がメガソーラー発電所の移転を求めて参加しました。

ところが原審の佐賀地方裁判所は、原審の審理において中心的な争点となった事業用地の取得目的やその必要性、取得価額の問題について、住民監査請求の請求期間を徒過しており、また、徒過したことについて正当な理由がないとして、古川元佐賀県知事や担当職員らの証人尋問すら実施することなく却下しました。

佐賀地方裁判所は、このような判断を導く理由として、平成23年9月に吉野ヶ里メガソーラー事業に関する補正予算が可決され新聞等で報じられていたことを指摘し、佐賀県の住民は、遅くとも平成23年12月頃までには、佐賀県が土地開発公社から事業用地を取得することを容易に知ることができたと断じています。

しかしながら、予算が可決したことを知り得たからといって、それが現実に執行されることをも容易に知り得たと断ずる原審の判断構造には明らかな論理の飛躍があります。

もとより、この用地取得にかかる売買契約が締結された事実は、佐賀県によって提出されたどの新聞記事を見渡しても一切報じられていません。33億円もの巨額の取引ですので、もし佐賀県が記者発表していれば大きく取り上げられていたことは必定であり、つまり佐賀県は記者発表することなく、佐賀県政に対し常に監視の目を向けていたはずのマスコミ各社にも情報を掴まれることもないままに用地取得を遂げていたのです。現に、この吉野ヶ里メガソーラー事業に関心を持ち住民監査請求に参加した約1500名もの意識の高い住民の誰しもが、すでに事業用地が取得されていることすら知らないまま、その差し止めを求めて住民監査請求を行っているのであり、このような用地取得の事実を住民が容易に知り得たなどと断ずる佐賀地方裁判所の判断は、余りにも実態と乖離したものと言わざるを得ません。

また、この用地取得の違法原因として原審で大いに争われた事実、すなわち、そもそも佐賀県には土地開発公社から用地取得する法的義務が存在しなかったこと、にもかかわらず佐賀県が市場価格を著しく超える（市場価格の1・6倍、広大地補正を加えれば4・74倍）土地開発公社の簿価で用地取得を行っていた事実は、原審の審理を重ねる中で明らかになった事実です。

にもかかわらず、佐賀県が秘密裏に本件売買契約を締結し、その予算可決が報じられていたという一事をもって住民らの訴えを門前払いし、佐賀県の財政に甚大な損害をもたらした用地取得の問題に目を瞑ることは正に正義に反し、住民訴訟の意義を没却するものといわざるを得ません。

この用地取得の違法性は、吉野ヶ里メガソーラー事業の一環として行われたその後の造成工事や賃貸借の違法性判断にも影響を及ぼす重大な問題であり、事実審である当審において審理が尽くされる必要があります。

3　また、原判決は、佐賀県が発注した造成工事により地中に存在する埋蔵文化財が破壊された事実が一応推認されるとしつつも、住民が求めた専門家の証人尋問も実施しないまま、文化財保護法上の違法はないと断じました。

しかしながら、神崎工業団地計画等の際に実施されていた極めて杜撰な発掘調査に依拠して、その後、確認調査や発掘調査をやり直すことなく世界有数の遺跡を無作為に破壊した佐賀県の行いは、文化財保護法の趣旨を完全に没却したものであり、全国の考古学者から批判の声が上がっています。

この文化財保護法上の違法性や景観破壊の問題については、次回期日までに、当審で証人尋問を請求した専門家2名の意見書を提出する予定です。

4　また、佐賀県が本件土地を採算性を度外視した低廉な賃料で賃貸していることについて、原判決は、それが佐賀県工業等振興条例5条に基づいて正当化されるのか、或いは、議決（地方自治法237条2項）によって正当化されるのかを曖昧にしたまま、それらの適法性を要件ごとに厳密に検討することなく結論を導いています。

しかしながら、佐賀県工業等振興条例5条は条例制定権の範囲を逸脱したものといわざるを得ず、また、本件事実経過では、適正な対価のない貸し付けを行うことの議決もされていないと言わざるを得ず、この点についても、当審において是正される必要があります。
5　このように、原審の佐賀地方裁判所は、本来、第1審において尽くすべき審理を尽くさず、多くの誤った判断を導いています。
当審では、原審が放棄した事実審理が尽くされ、原審の誤った判断が是正されますよう強く希望します。

意見陳述

控訴人　山﨑義次

2016年（平成28年）9月26日
福岡高等裁判所第3民事部　御中

1　はじめに
控訴人の山﨑義次と申します。

私は佐賀県に生まれ育ち、今も佐賀県に住んでいます。私は中学生の頃より歴史が好きでした。その後佐賀の考古学の大先達である松尾禎作先生（故人）の著作を読み、郷土の古墳や遺跡の素晴らしさとその保存の大切な事を学びました。22歳の時、姫方遺跡の保存運動を起こしてより次々と今日まで約45年間の長きにわたり、いろんな遺跡の保存運動を続けてきました。
2　吉野ヶ里遺跡の保存運動

吉野ヶ里遺跡の保存運動は遺跡が全国報道されるはるか7年前の昭和57年8月12日からです（全国報道　平成元年2月）。佐賀大学の前間良爾先生、中学校教師の江永次男先生（故人）、それに私の3人（いずれも佐賀の自然と文化をまもる会の会員）で、この日、吉野ヶ里丘陵の遺跡を視察しました。視察後すぐ佐賀県庁を訪れ、県工鉱課（当時）へ「完全調査と全面保存」の陳情をしました。これ以後35年間、現在も保存運動は続けられています。

3　吉野ヶ里遺跡の学術的・歴史的価値

吉野ヶ里遺跡は実は古くからごく一部の研究者には知られており、大正14年松尾禎作先生が「吉野ヶ里遺跡は大遺跡が眠っている可能性がある」と最初に学術誌に発表されました。続いて昭和9年には松尾先生から指導を受けた七田忠志先生（故人）が研究を深められ、学術誌にその成果を発表されたのです。

さて月日が流れて昭和56年頃、佐賀県がこの吉野ヶ里丘陵（約67ha）に工業団地の開発を計画しました。貴重な遺跡群が破壊されることを心配した私達は前述したように保存運動を開始したのです。平成元年の全国報道からは遺跡の保存を求める大きな国民世論が起きました。その後の運動の詳細は省きますが、邪馬台国ロマンをかきたてる遺跡として大報道されたこともあり、見学者も一日数千人から数万人とうなぎのぼりに増え、今ではその数は数千万人にものぼるぼう大な数となっています。遺跡は特別史跡となり、そして「我が国を代表する国家的遺産」として国営歴史公園となりました（全国でたった2ヶ所、そのうちの1ヶ所・当時。現在3ヶ所）。

吉野ヶ里遺跡の学術的・歴史的価値は「我が日本の国の成り立ちを解明しうる超一級の遺跡である」と言われています。今や学校の歴史教科書にも記載され、子供達や全国民の歴史教育に大いに貢献する遺跡となりました。

4　メガソーラー問題と世界遺産

こうした国家的遺跡である国営歴史公園のすぐ隣に平成23年6月、佐賀県が大規模なメガソーラー（5万枚のパネル設置）の計画を発表しました。私はこの計画を知り、愕然としました。周知のように歴史公園の周辺地域は自然環境や文化的景観にすぐれ、全国から訪れる見学者の多くは吉野ヶ里のもつ学術的な価値もさることながら周辺景観の素晴らしさにも感嘆しています。こうした地域にメガソーラーは全く相応しくありません。またこの地域にも多くの遺跡があり、特に律令期（奈良・平安時代）の古代役所の跡やその関連建物群などの遺跡群が存在しています。この律令期遺跡なども国の重要遺跡として「国の特別史跡に追加指定すべきだ」と学者は指摘しています。吉野ヶ里は邪馬台国の関連で大々的に報道されましたが、実は、これらの遺跡群も「もうひとつの吉野ヶ里遺跡」として非常に学術的価値が高いのです。また別の学者は「吉野ヶ里遺跡群の最大の価値は古代国家成立以前の邪馬台国時代のクニと、古代国家成立後の地方政治・文化の拠点の遺構群が残されているところにある」と述べています。

こうした場所にメガソーラーを建設したことは絶対に許されません。吉野ヶ里丘陵遺跡群を守り、素晴らしい周辺の自然と歴史的景観を守ったうえでゆくゆくは吉野ヶ里遺跡を世界遺産にした方が、あらゆる角度からみて全く相応しいと思います。全国の自治体は「おらが町の遺跡を世界遺産にしよう」と必死であり、世界遺産がほしくてほしくて仕方がない状況です。こうした中、我が佐賀県の態度は全く理解できません。吉野ヶ里は世界遺産の資質と条件を十分持っていると言われているのに全く残念です。

5 おわりに

佐賀県は吉野ヶ里にメガソーラーをつくるために約38億円もの巨額の税金を使いました。大半はもともとれず、税金のムダ使いです。また文化財保護法や地元の「吉野ヶ里歴史公園周辺景観条例」等にも明らかに違反すると思います。

吉野ヶ里遺跡は周辺の遺跡群と自然環境を守ったうえで世界遺産を目指すべきです。メガソーラーは遺跡群を壊し、周辺景観を損なっています。こうした私達の運動に全国からも支援の輪が広がってきています。例えば、文化財保存全国協議会が今年6月、佐賀で全国大会を開催し、「吉野ヶ里を世界遺産にする」決議文を採択しました。吉野ヶ里のメガソーラーは世界遺産を目指す場合の最大の障害になります。

吉野ヶ里遺跡は国民の宝ものだけではなく、今や世界の人々の宝ものでもあります。こうした視点からメガソーラーはぜひ別の場所に移転してほしいと強く念願します。裁判所の賢明な御判断をお願いいいたします。

8 最高裁判所へ上告

控訴審においても、住民らは、一審の佐賀地裁が行わなかった証拠調べの実施を求めたが、福岡高裁は証拠調べを実施することなく審理を終結させた。２０１６（平成28）年12月5日に言い渡された福岡高裁判決も、住民らの控訴を退けるものであった。

　原告らは、福岡高裁判決に対しても上告及び上告受理申し立てを行ったが、２０１７（平成29）年7月25日、いずれも退けられた。

成果と課題

こうして、住民監査請求から住民訴訟に至る一連の法廷闘争は決着した。

　一連の司法判断は、文化財の価値や文化財保護法の趣旨を著しく軽んじたものであり、我が国の文化財保護法制が抱える重大な欠陥と、文化財の保存に向けた継続的な市民運動の重要性を再認識させるものであった。

　もっとも、総勢１４７０名もの市民による監査請求に始まった一連の法廷闘争は、吉野ヶ里遺跡群の保存に向けた市民運動を加速度的に進め、２０１６（平成28）年6月に佐賀市内で開催された文化財保存全国協議会総会においては、吉野ヶ里遺跡群を中心とした北部九州の弥生遺跡群の世界遺産登録を目指すことが決議された。

　このたびの司法判断によって示された課題を再認識し、より広範な市民、専門家などと連携して、文化財保護法制の抜本的な見直しと、我が国が世界に誇る吉野ヶ里遺跡群を後世に残す重厚な市民運動を進めていくことが求められている。

声明

２０１７（平成29）年7月26日

吉野ヶ里メガソーラー発電所の移転を求める佐賀県住民訴訟原告団・弁護団

本日、最高裁判所（第三小法廷）は、私たちが申し立てた上告及び上告受理申立てを退ける決定を下しました。

事件記録が最高裁に到着したのは本年4月17日ですので、最高裁は僅か3か月の審理期間で上告棄却、上告不受理を決めたことになりますが、２０１３（平成25）年4月23日の第1陣提起から約4年間に及ぶ裁判で提出された膨大な資料を、この僅かな期間で十分に審理が尽くされたとは到底考えられません。

私たちは、この間、最高裁に慎重な審理を求める要請書を提出すべく準備を進め、すでに全国から相当数の署名が寄せられていましたが、この要請書を提出する間すら与えないこのたびの拙速な審理に対して強い憤りを禁じ得ません。

このたびの最高裁の決定によって、吉野ヶ里メガソーラー事業用地の造成工事において地中に存する埋蔵文化財が物理的に破壊されたことが一応推認されたとしても文化財保護法上の違法は認めないなどとした一審佐賀地方裁判所の判断や、文化財保護法94条、97条が定める諸手続きに違反があっても吉野ヶ里メガソーラー計画にかかる財務会計行為の違法性には影響しないなどとした二審福岡高等裁判所の判断が確定することになりました。

吉野ケ里を世界遺産に

文化財保存全国協議会　県に推進活動要請へ

吉野ケ里遺跡の世界遺産登録に向けた準備を佐賀県が進めるよう求める決議を採択した文化財保存全国協議会大会＝佐賀市のグランデはがくれ

文化財を守り活用する活動に取り組む研究者や市民らでつくる「文化財保存全国協議会」（小笠原好彦代表委員）は19日、大会を佐賀市のグランデはがくれで開いた。弥生時代の大規模環濠集落の吉野ケ里遺跡（神埼市郡）内に県立博物館を建設し、世界遺産登録に向けた活動に佐賀県が取り組むよう求める決議を採択した。

決議では、吉野ケ里遺跡など北部九州の弥生時代の遺跡を「日本の古代国家が成立する前夜の実態を知る上で極めて重要」と位置付け、世界遺産にする準備を進めるよう要請した。遺跡の出土品の展示が十分でなく、財政難を理由に実現していない県立博物館の早期建設も求めている。20日に山口祥義知事に要望書を提出する。

小笠原代表委員は「世界遺産登録に向けて後押ししていこう」とあいさつした。弥生時代の遺跡の保存・活用例の報告や、佐賀女子短期大学の高島忠平元学長による講演もあり約150人が聴講した。熊本地震で被災した文化財の調査と募金協力を呼び掛けることも決議した。

（大田浩司）

文化財保存全国協議会第47回佐賀大会2016年6月19日、佐賀新聞2016年6月20日

このような文化財の価値や文化財保護法の趣旨を著しく軽んじた一連の司法判断は、我が国の文化財保護法制が抱える重大な欠陥と、文化財の保存に向けた継続的な市民運動の重要性を再認識させるものであり、すでに吉野ヶ里遺跡群の保存に向けた市民運動は加速度的に進んでおり、２０１６年（平成28）年６月に佐賀市内で開催された文化財保存全国協議会総会においては、吉野ヶ里遺跡群を中心とした北部九州の弥生遺跡群の世界遺産登録を目指すことが決議されました。

私たちは、このたびの司法判断によって示された課題を再認識し、より広範な市民、専門家などと連携して、文化財保護法制の抜本的な見直しと、我が国が世界に誇る吉野ヶ里遺跡群を後世に残す重厚な市民運動を進めていく決意を新たにするものです。

III　学者・識者の声と地域の人々の声

完成した吉野ヶ里メガソーラー　2013（平成25）年7月

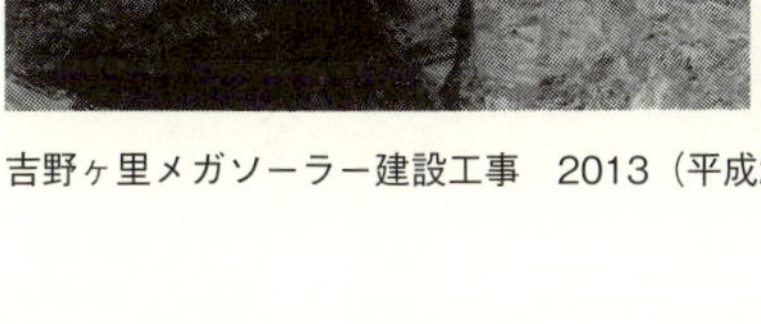

吉野ヶ里メガソーラー建設工事　2013（平成25）年5月21日

9　明日に向けて、吉野ヶ里遺跡に学ぶ

同志社大学大学院元講師・文化財保存全国協議会常任委員　鈴木重治

涙をこらえ、怒りを抑えて、初心に帰る

メガソーラーは、吉野ヶ里遺跡にふさわしくない。

ただそれだけの理由で、吉野ヶ里遺跡に向かったのは２０１２年の暮れのことである。地元の吉野ヶ里遺跡全面保存会の要請を受けた文化財保存全国協議会が組織した「吉野ヶ里メガソーラー文化財調査団」の一員として、現状を確認するのが目的であった。

つとに知られた吉野ヶ里遺跡の考古学上の意義に加え、その発掘調査中に現地を数回訪れて、出土した遺構・遺物を観察し、遺跡の重要性を実感していただけに、佐賀県による吉野ヶ里遺跡内のメガソーラー設置計画の概要を聞いた時には、大きな危惧を覚えた。

それ以来、メガソーラーの遺跡外への移設と撤去を求めて、遺跡の意義や評価を指摘しながら、佐賀での講演会やシンポジウムに参加した。また、京都・奈良などで集会を開き、研究者や市民と共に文化財の保存と活用について考えて来た。２０１６年度の文化財保存全国協議会・佐賀大会もその一環であった。

その間、佐賀地裁や福岡高裁へも足を運んだ。しかし住民訴訟の敗訴を受けた最高裁の判決は、「主

文・本件上告を棄却する」というあっけないものであった。

吉野ヶ里問題は、最高裁判決で終了したわけではない。文化財保護法が改正されようとしている今だからこそ、将来のために吉野ヶ里遺跡の保存運動と裁判が遺してくれた教訓を、明日に向けて学ぶ必要がある。

涙をこらえて初心に帰り、吉野ヶ里遺跡のメガソーラーを外へ移させるための、多くの知恵と力を結集することが求められているに違いない。遺跡と周辺の文化的景観を、良好な状態で後世に残し、受け継ぐために大きな輪を、じっくり作りたいものである。老齢化が進む社会だからこそ、明日に向けて若者の参加を心から願っている。

ここでは、私なりに学んだ教訓を整理し、明日に向けた忘備録としよう。

吉野ヶ里遺跡・人為的破壊の教訓

日本列島は、災害列島だという。確かに地震・洪水・噴火などの災害は、今なお続く。災害には、自然災害の他、人災に因る取り返しのつかない災害もある。かけがえのない人命を失う災害や、歴史遺産である文化財や遺跡などの被害も無視できない。かつて発掘調査中の吉野ヶ里遺跡でも、落雷によって調査員の人命が奪われたことがある。悔やまれてならない。

遺跡と災害については、この程宮崎で開催された日本考古学協会の大会時にも、埋蔵文化財保護対策委員会の情報交換会での主要なテーマでもあった。ここでは、北部九州の水害や、東北地方の津波による文化財の被害とその対策の現状が紹介された。これらの自然災害による遺跡の被害と、各地に見る開発行為による遺跡の破壊とはまったく性質が異なる。後者は人災に因る遺跡の破壊である。

自然災害と人為的災害が同時に見舞う例もある。東京電力福島第一原発だ。政府が主導し、大企業による組織の論理が生み出した災害は、未だに住みなれた住民を故郷から追い出し、多くの遺跡と共にイノシシやシカが占拠しているという。佐賀においても、玄海原発に反対する市民が多いのは当然のことである。

振り返ってみると、メガソーラーの設置に伴う吉野ヶ里遺跡の場合は、不健全な佐賀県の文化財行政による遺跡の一部の破壊であり、長期間にわたる遺跡の覆い隠しによる文化的景観の破壊という特異な人災の例である。つまり佐賀県は、文化財審議会の考古学者である専門家の意見を無視してメガソーラー計画を強行し、遺跡の破壊を見過ごしたことになる。このことは、佐賀県が文化財保護法や佐賀県文化財保護条例の理念や目的を無視した結果であった。まさに人災であり、吉野ヶ里遺跡の歴史的な文化的景観さえ失われた。

一方、住民訴訟による佐賀地裁の判決は、「地中の文化財が物理的に破壊されたことは推認される」としてメガソーラーの設置に伴う工事で遺跡が破棄されたことを認めた。しかし県教委などによる発掘調査が不十分な事前調査であったとしても、記録保存が行われたことで法律上の瑕疵はないとされた。ここに大きな問題がある。いわば、文化財保護法の欠陥をめぐる課題であり、文化財保存と司法救済の限界の問題でもあった。

文化財保護法については、その成立時からの目的と理念をはじめ、何度かの法改正の内容と趣旨、及び現在進行している新たな法改正に向けた動向などを検討する必要があるが、ここでは、吉野ヶ里遺跡の現状に関わる問題点に絞って、明日へ向けての教訓とすべき事柄についてのみ触れておこう。

まず指摘されるのが、「組織の論理と、個人の倫理」に関する教訓である。

我が国の文化財行政に関わる組織の中で、文化庁や各地の教育委員会の果たす役割の大きいことは云うまでもない。遺跡の発掘調査やその保存・活用に関しても同様である。しかし、規制緩和が進んで地方自治が叫ばれるようになってからは、権限の一部が地方自治体に移譲されたことで、地域間格差が生じていることも事実である。具体的に見ると遺跡調査の方法や保存・活用にあたっての地域差などもその一つである。

文化財保護法の改正が問題となっている今、メディアをはじめ各界での議論が進む今だからこそ、誰のための文化財行政か、誰のための考古学か、などが問われることになる。つまり「組織の論理と、個人の倫理」が問われることになる。

吉野ヶ里の場合、遺跡を尊重しようとした文化財審議会の議論を無視して、メガソーラー計画を推進した「行政の論理」と、遺跡の重要部分の発掘担当者であった研究者自身が、メガソーラー設置の業者選定委員となって遺跡の破壊に加担したことで「個人の倫理」に疑問が持たれた事実である。共に人災による遺跡の破壊を産み出した社会的な背景である。後者については、業績のある優れた研究者だけに惜しまれてならない。研究者の一人として、自戒の念をもって教訓としたい。

遺跡の保存と継承に向けて

我が国の考古学界において、パブリック・アーケオロジーが真剣に議論されるようになってから、すでに20年以上が過ぎた。主としてイギリスから導入されたパブリック・アーケオロジーは、日本なりに展開して一定の到達点に達した。いわば日本考古学発展の一里塚を形成したと考えられる。

つまり考古学は誰のための学問か、を議論する中で遺跡の調査研究・保存と活用のほか、遺跡の整備とその継承についても、地域住民との連携を尊重し、いかに地域住民の意思を反映するかが議論されたことになる。遺跡をめぐった多様な課題については、行政や研究者のみで対応するのではなく、地域住民の参加と参画があってこそ、有効な遺跡の保存と活用の道が開かれ、さらに将来への継承を可能にする大きな力となることが、共通認識されたのである。肝要なことは、遺跡は行政のためのものでもなく、研究者のためのものでもない。ましてや産業界のためのものでもない。まさに地域住民をはじめとする人類の遺産として評価することで、遺跡の価値が生かされる。

以上のことを踏まえて吉野ヶ里を想うと、メガソーラー設置の背景は、まさに行政と大企業の論理によって実施され、土地が占有された上で工事に伴う調整池の掘削などの工事で遺跡が破壊された。つまり遺跡の保存・活用を願って組織された「吉野ヶ里遺跡全面保存会」の地域住民の意志や研究者の要望が踏みにじられたことになる。

この様な状況の中での一つの光明は、各地の文化財保存運動との交流である。また裁判闘争を通して今まで以上に、多くの市民が遺跡の価値を再確認され、地域の誇りである遺跡の保存と活用に向けた方向性を確認したことに一筋の光を見ることが出来た。

具体的に見ると、吉野ヶ里遺跡に特化した県立博物館の設置の要望であり、地元の神埼市長・吉野ヶ里町長の同意を得た世界遺産登録に向けた運動のスタートである。しかしこの運動自体にも多くの難題があることは否めない。このことは、日本各地で展開している世界遺産登録運動、とりわけ長年にわたり準備を重ねている北海道と東北各県による縄文遺跡群の登録運動と比較してみても、その弱さが明らかである。その困難さは佐賀県自体の動きの鈍さや、北部九州の重要な弥生時代遺跡群を持つ自治体との連携、手続きを押し進める主体者の確立など、解決せねばならぬ課題が山積している。世

第2回吉野ヶ里シンポジウム　2013（平成25）年5月12日佐賀県JA会館

界遺産の登録を審査するイコモスの判断によっては、韓国との連携すら視野に入れる必要もあろう。

いずれにしろ、一つ一つ解決するためには地元の自治体の連携から始める必要がある。そのためには、まず佐賀県内の唐津市との連携を模索すべきものと考える。唐津市内に重要な弥生時代の遺跡群があることはつとに知られている。これらの作業手順については、すでに地元の神埼市内で開かれた講演会の席で述べたことがある。これもまた地道に運動を積み上げる以外に、解決する道は無い。将来に期待して、出来るところから確実に進めたいものである。

明日に向かっての展望こそ、大切である。吉野ヶ里遺跡の個性と、その周辺の文化的景観の魅力は、他に変えられない。これらの歴史遺産を健全に保存し、住民のために活用するためには、地元住民の英知と力の結集こそが必要となる。地域の歴史資産というべき宝を、次世代に受け継ぐための取り組みに期待するのは当然である。

以上のことから見えてきた、明日にむかっての当面の課題は、研究者・市民・行政との連携に向けた仕組みづくり。誇りある歴史遺産継承のための地元での普及活動。学校教育・

生涯教育との連携。多様なイベントの継続的な実施など。具体的な行動プランの構築と実施などであろう。ここで反省しなければならないことは、これまでの吉野ヶ里遺跡の保存運動に欠けていた若者の参加である。まず興味を持って歴史遺産に親しみを持つ若者の育成が肝要と思われる。歴史遺産継承の鍵を握っているのは若者である。

これらの課題は、裁判が残した教訓の一つと云える。

一連の吉野ヶ里裁判から学んだことは多い。地裁の段階からの原告団、弁護団の皆さんに敬意を表し、心から感謝したい。

10　世界遺産登録の資格十分な吉野ヶ里遺跡群

山梨学院大学客員教授・文化財保存全国協議会常任委員　**十菱駿武**

佐賀県神埼市・吉野ヶ里町の吉野ヶ里遺跡群は、佐賀県の神埼工業団地造成計画が原因で、1986年に佐賀県教育委員会の高島忠平・七田忠志氏が中心となり、発掘調査が進められ、弥生時代の大環濠集落と墳墓群、さらに古墳時代～奈良・平安時代、中世の遺跡であることが明らかになった。ことに佐原真氏の「吉野ヶ里遺跡は魏志倭人伝にある当時のクニの中心だったのは間違いない。邪馬台国時代の謎に迫る重要な手がかりだ」という折り紙がつけられ、1989年2月以降全国にクローズアップされた。連日のように報道されたテレビ・新聞の圧倒的なニュースの効果で、吉野ヶ里遺跡発掘調査現場には1日に数万人という見学者が押し寄せた。

郵便はがき

料金受取人払郵便

神田局
承認

4036

差出有効期間
平成31年5月
31日まで

101－8791

507

東京都千代田区西神田
2-5-11出版輸送ビル2F

㈱花伝社 行

お名前《ふりがな》

お電話

ご住所（〒　　　　　　）
（送り先）

◎新しい読者をご紹介ください。

お名前《ふりがな》

お電話

ご住所（〒　　　　　　）
（送り先）

愛読者カード

このたびは小社の本をお買い上げ頂き、ありがとうございます。今後の企画の参考とさせて頂きますのでお手数ですが、ご記入の上お送り下さい。

書 名

本書についてのご感想をお聞かせ下さい。また、今後の出版物についてのご意見などを、お寄せ下さい。

◎購読注文書◎

ご注文日　　年　　月　　日

書　　名	冊　数

代金は本の発送の際、振替用紙を同封いたしますので、それでお支払い下さい。
（2冊以上送料無料）

なおご注文は　FAX　03-3239-8272　または
メール　kadensha@muf.biglobe.ne.jp
でも受け付けております。

当時私は文化財保存全国協議会事務局長として東京にいたが、早速に吉野ヶ里遺跡発掘調査現場を視察するとともに、「佐賀の自然と文化をまもる会」「吉野ヶ里遺跡全面保存会」「文化財保存佐賀県協議会」と密に連絡をとり、署名運動を全国に広げ、文化庁や佐賀県教育委員会に要請を重ねるなど、吉野ヶ里遺跡保存運動を全面的に支援した。

遺跡現場に立つと、江永次男、山﨑義次、石戸敏治、太田記代子氏ら佐賀の仲間が吉野ヶ里遺跡を守る運動を熱心に見学者へ呼びかけていた。食品・特産品を販売する露店や土産物店も設けられ、大変な盛況であった。

１９９３年6月13日に佐賀市で開かれた「文化財保存全国協議会第24回佐賀大会」では「史跡の保存と活用」をテーマに研究者・教員・一般の２２０名が参加して、保存の必要性の理解は広がった。私は史跡保存整備の動向と復元の事例を大会基調報告で、吉野ヶ里遺跡を動態保存型の例として評価し、「エコミュージアム構想」で一定地域のテリトリーを対象に、文化遺産・自然遺産・産業遺産を現地保存で活用すべきことを強調した。国立歴史民俗博物館長の佐原真氏は講演「市民のための史跡」で、史跡の整備は大勢の一般市民にわかりやすいものであるべきで、吉野ヶ里に７００万人の人が来たとしても「考古学は易しくわかりやすい考古学が必要で、１００人のうち99人の市民にもわかる考古学が必要だ」という講演は大変印象的であった（佐賀大会特集『明日への文化財33号』）。

吉野ヶ里遺跡では、発掘調査を進めている文化財調査員が発掘中の甕棺墓で弥生土器や青銅器を手に取り、弥生時代の生活や遺物の意味をわかりやすく説明されていて、私は鉄道博物館で蒸気機関車が蒸気や汽笛を鳴らし、汽車に乗って保存の必要を体験するように「遺跡の動態保存」の優れた事例として『考古学調査研究ハンドブックス２室内編』（雄山閣出版、１９８４年）に紹介した。吉野ヶ里遺跡は映画の舞台としても登場し、1989年山田洋次監督の『男はつらいよ　ぼくの伯父さん』では、渥美清演じる車寅次郎と女性考古学者を演じるマドンナ壇ふみとの実らない恋が吉野ヶ里遺跡の弥生集落を背景に描かれている。

こうした文化財保護行政担当者と文化財保護団体の市民運動の粘り強い努力が実って、1990年に吉野ヶ里遺跡は国史跡となり、2001年には国営吉野ヶ里歴史公園が開園したのは大きな成果であった。歴史公園内には三重の環濠と城柵と望楼、北内郭の祭殿、南内郭に住居が復元されて、弥生時代後期の吉野ヶ里遺跡の姿を一般市民が学ぶことができる優れた史跡公園となっている。吉野ヶ里遺跡については、「邪馬台国九州説」に立つ高島忠平氏は吉野ヶ里こそ邪馬台国の都と主張しているが、私は邪馬台国畿内説を支持しており、『魏志倭人伝』に出てくる邪馬台国連合のクニ「彌奴国：みなこく」が吉野ヶ里と考えている。

吉野ヶ里歴史公園の北隣に接した一角に、吉野ヶ里メガソーラー発電所が設置されたことは、吉野ヶ里遺跡全面保存に反する行為であった。このメガソーラー区域27・5haは奈良・平安時代の建物跡が確認調査されており、志波屋四ノ坪遺跡、志波屋五ノ坪遺跡、志波屋六ノ坪遺跡、古代の官道西海道、肥前国神埼郡の郡衙と推定されている区域である。メガソーラー建設を決めた県当局は、その遺跡群密集地域にソーラーパネル5万枚を設置したのである。

吉野ヶ里遺跡全面保存会と文化財保存全国協議会は2013年12月佐賀県庁で県知事へ全面保存を強く訴え、吉野ヶ里メガソーラー発電所取り消しを求めた。行政は誤りを認めず、古代の文化層を重機で掘って太陽光パネルの架台を設けたのである。我々はメガソーラーそのものに反対しているのではなく、吉野ヶ里遺跡群の一角を選んで太陽光パネル建設を強行したことに反対しているのである。

吉野ヶ里全面保存会は佐賀県古川康知事を相手に「吉野ヶ里メガソーラー発電所の移転を求める佐賀県住民訴訟」を提訴した。しかし佐賀地裁、福岡高裁は行政の既得権を優先したので、全面保存会・弁護団は4年間の裁判闘争を続けた。この運動の基本は吉野ヶ里遺跡を弥生時代環濠集落、墳墓群だけで捉えるのではなく、奈良平安時代郡衙・駅家・官道の古代律令期の遺跡群としても捉え、各時代の遺構・文化層の集合体として捉える「複合遺跡」遺跡群の視点である。日本に44万カ所ある遺跡の大部分は、単一時期・単一種類の遺跡ではなく、各時期・数種類の遺跡・遺構が重層的に重なる複合遺跡である。このことは生活に適した平野・丘陵に、過去の人々が生活した場の約9割が集中している日本の遺跡の立地特性から当然のことである。

世界遺産登録基準には、ある文化的伝統、あるいは文明の存在を伝承する物証として無二の存在であることが挙げられ、その遺産の真正性と完全性を満たし、国内法で保存管理体制がとられていることが条件となっている。吉野ヶ里遺跡は弥生時代という原始国家の文明化の段階を代表する無二の環濠集落跡であり、東アジアで卓越した都市の遺跡であり、銅剣と青色ガラス管玉には朝鮮半島との物資技術の交流が見られ、日本と東アジア大陸との文明交流の証拠である。また遺跡は地中から精細な発掘調査とすぐれた文化財保存科学によって復元された遺跡公園であり、日本の文化財保護法によって国特別史跡として指定されており、登録基準を十分満たしている。吉野ヶ里と共通した性格をもつ文化遺産としては、イギリスの鉄器時代城砦跡デーンベリー遺跡や、中国の新石器時代環濠集落半坡遺跡が挙げられる。これらは日本と比較して、遺構の復元保存整備の面と住民参加の面では日本の史跡保存がより進んでいる。真正性・完全性については文化遺産保存管理計画を具体化しながら、不断にバージョンアップしていかなければならない。フランスの国立先史博物館やドイツのネアンデル

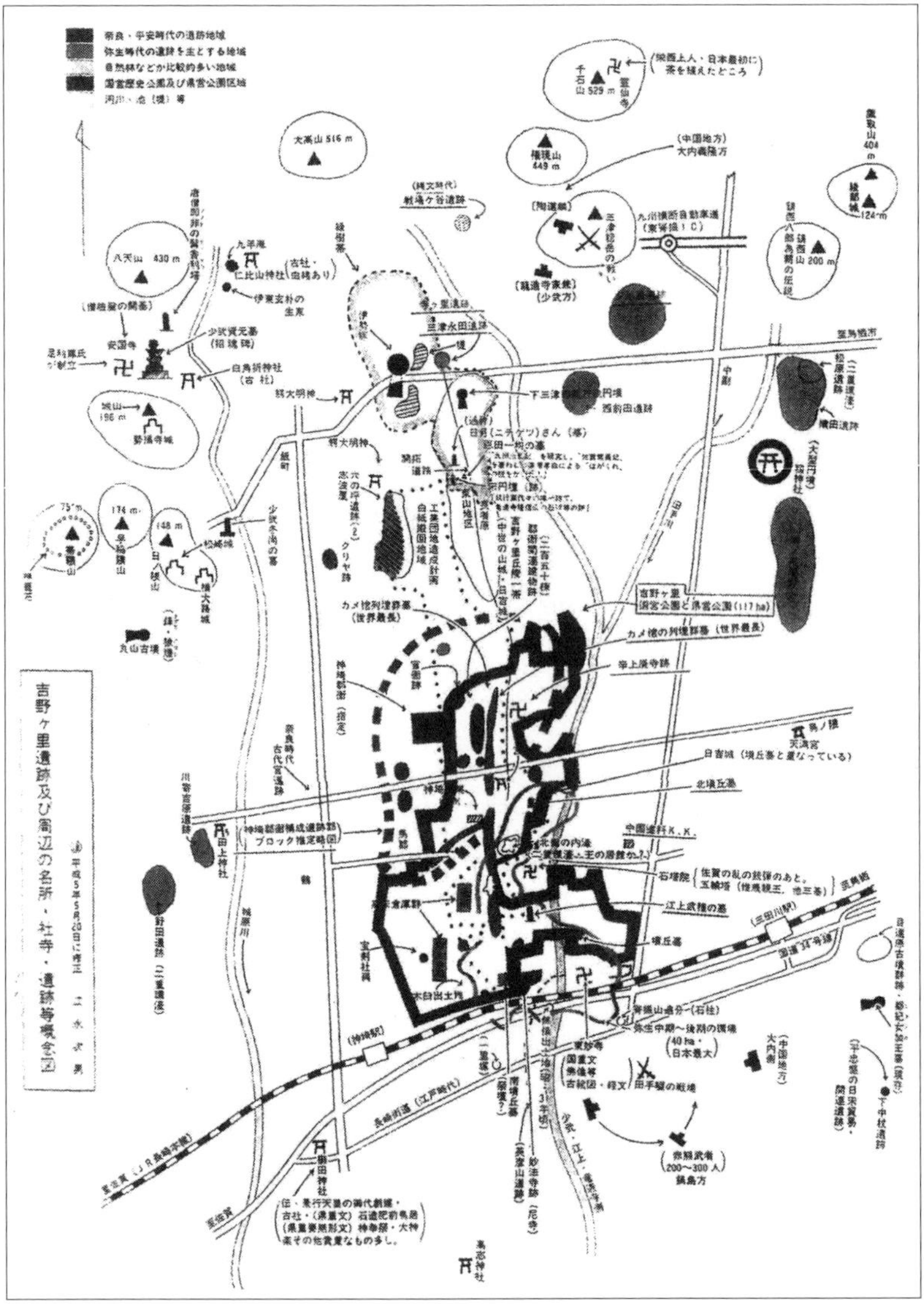

吉野ヶ里遺跡周辺の文化遺産図（吉野ヶ里遺跡全面保存会1993）

タール博物館は、洞窟遺跡の復元で優れているが、館内でキュレーター（学芸員）や教師が、小中学校の児童・生徒へ先史古代人の生活をまるで見て来たかのように写実的に問答し説明する姿を見ており、日本でも学ぶべきである。日本では引率の教師は展示物の説明はあまりせず、自分たちで勝手に見なさいという対応が多いからである。世界遺産登録のためには今後の活動が必要で、吉野ヶ里公園ボランティアガイドの育成強化も必要であろう（十菱駿武２００１「明日の博物館――エコミュージアムと佐賀まるごと博物館」『吉野ヶ里』第2号）。

11　吉野ヶ里遺跡と私

小笠原好彦

発掘された吉野ヶ里遺跡を見る

１９８９年（平成元）2月23日、吉野ヶ里遺跡の発掘が大々的に新聞に報道され、テレビも吉野ヶ里遺跡の調査状況を大きく放映した。この報道は一過性のものではなく、その後もあいつぐ状況が続くことになったのである。

その日から約一月後、切り抜いた何枚かの記事を持参しながら、私も吉野ヶ里遺跡を訪れることにした。鳥栖駅で乗り替えて、三田川駅（現在の吉野ヶ里公園駅）で下車した。駅舎に吉野ヶ里遺跡のチラシがあったのでそれも手にして外へ出た。吉野ヶ里遺跡への大きな案内板があり、道路に遺跡の方向を示す太い線が表示されていた。その太線をたどりながら西へ進んだ。

やがて多くの人たちが群がっているのが見えた。ここが吉野ヶ里遺跡だった。入口に近いところの狭い道の両側に、多くの仮店舗が並んでいた。これまで発掘中の遺跡見学で、飲食物や土産品を販売する仮店舗がこんなに並んだ例はあっただろうか。驚きながら、昼食になるようなものを少し捜して店舗を覗いて見た。

入口で遺構を記した案内図をいただき、中に入った。じつに広い。それにもかかわらず、大勢の人が見学していた。まだ一部の発掘がおこなわれていた内郭（後にいう南内郭）の西側の方へ進んだとき、見学を終えて外へ出ようと歩いてこられた埼玉県の金井塚良一氏とお会いしたが、会釈をしただけで、会話をかわすことなくすれ違った。

まず、西側の遺構から見学し始めた。そこには幾棟かの浅く掘られた竪穴住居があった。その西側には多くの柱穴群が見えた。誘導する道に従いながら南の方へ。さらに中央部を見学したが、ここにはこれという顕著な遺構がなかった。どうやら高いので削平されているようだ。

さらに東端へまわると、内濠が小さく屈曲したところがあり、そこに桁行2間、梁行1間の掘立柱建物の柱穴群があった。遺跡の全体を少し眺めながら出入口を見ると、次々と見学者が入ってくる。また見学者が出てゆくのが見える。空はよく晴れていた。3月末とはいえ、この日は気温も高く、少し汗ばむような日だった。

北側の出入口から出て、少し北へ進んだところに大きなプレハブの建物があった。中に出土した遺物の一部が展示されていた。北の墳丘墓が発掘中ということなので、後にゆっくり見ることにし、案内図をもとに、東北にある墳丘墓へ向かった。暫く進んだところに上部を覆って調査を進めている墳丘墓に着いた。

事前にアポイントもとらずにでかけたので、墳丘墓の調査を見学するのは断られるかも知れないと思いながら申し出てみた。暫くすると、覆いの中から七田忠昭氏が現われ、案内していただくことになった。

七田氏の後を追いながら、覆いの中の狭い通路をたどり、甕棺墓の発掘状況を覗いて見た。大きな覆いの中で、数人の調査員が、それぞれ甕棺の発掘と格闘中という状況だった。

九州の弥生中期の大きな甕棺墓を発掘中の遺跡で見たのは、福岡県小郡市にある小郡遺跡での経験がある。しかし、小郡遺跡での甕棺墓は、すでに検出作業は済んでおり、実測中だったので、発掘中の甕棺墓を見学したのはこのときが初めてだった。以後もない。

覗いた甕棺墓には細形銅剣が副葬されているものがあった。七田氏の説明を聞き、この墳丘墓は王墓とすれば、被葬者は王的な存在だったのだろうと思いながら凝視した。

再びプレハブの展示室に戻り、多くの見学者と共に出土した弥生土器、石器、さらに鋳型片などの遺物に注目して見た。畿内の弥生時代の遺跡から出土するものとの差異を感じた。

展示室から、再び南内郭の出入口付近に戻ったとき、江永次男氏が、見学者に署名を依頼する姿があった。よく日灼されていた。忙しそうだったので、短い会話を交わしただけだった。

さて、吉野ヶ里遺跡は、調査関係者によるご尽力と佐賀県知事の優れた判断のもと、１９９０（平成2）年5月には、国史跡に指定された。その翌年の１９９１（平成３）年5月に特別史跡に昇格した。さらに１９９２（平成４）年10月に特別史跡を中心とする54 haが国営歴史公園とする閣議決定がされ、その周囲63 haの県営歴史公園と合わせた広大な歴史公園が造られることになり、歴史公園化も迅速に進展し、２００１（平成13）年から全体的に公開されている。

吉野ヶ里遺跡と弥生集落の環濠集落

吉野ヶ里遺跡は、弥生時代の前期から後期まで、じつに重要な多くの歴史を地中に刻んでいる大規模な環濠集落遺跡である。これまで発掘された弥生時代の環濠集落は、前期では福岡市板付遺跡、中期では神奈川県大塚遺跡・朝光原遺跡、千葉県大崎台Ｂ遺跡、後期では福岡市野方中腹遺跡などがあり、その例は少なくない。

しかし、吉野ヶ里遺跡の大環濠集落は、これまで発掘されている環濠集落とは少なからず異なった重要性をふくんでいる。

まず、弥生時代の前期に丘陵の南端に近い位置に断面がＶ字をなす溝を環状にめぐらす集落が出現した。そして続く中期には、より拡大した空間をもつ環濠集落へと発展している。

しかも中期には、丘陵の北半の中央、西、北には甕棺墓の列埋葬がおこなわれ、３０００基を超える甕棺墓が見つかっている。また丘陵の北端付近に墳丘墓が築造されている。この墳丘墓から検出された14基の甕棺墓のうち８基からは細形銅剣が副葬されていた。この墳丘墓は、まさに副葬品からみて、王墓として造られたものであることは明らかといってよいものである。

さらに、後期に丘陵の裾部に南から北端部に及ぶ長大な外濠が掘削されている。しかも、丘陵の中央部には内濠をめぐらす南内郭と北に北内郭の二つの内郭が形成されている。これは『魏志倭人伝』に「宮室・楼観・城柵、厳かに設け」と記されており、まさに二つの内郭は、邪馬台国、伊都国など30余国をなす時期に営まれたクニの王宮的な性格を有したものとみなして疑いないものである。そして、弥生時代のクニの機能をはたした王宮の構造を、地中から掘り出し明らかにしたものといってよいものである。

また、南内郭の西、外濠の西から数十棟に及ぶ多くの掘立柱建物群が検出されたのも、きわめて重要である。これらの建物群は、『魏志倭人伝』に「邸閣有り、国国市有り、有無を交易し、大倭をして之を監せしむ」と記すように、吉野ヶ里遺跡の王によって交易のために設けられた市を想定する考えが、すでに調査関係者によって示されている。

日本の弥生時代には市を描いた絵画はまだ知られていないが、中国四川省では、後漢代の画像塼に市の絵を描いた複数の画像塼が出土している。２００６（平成18）年と２０１６（平成28）年、四川省の成都の博物館を訪れ、彭県、広漢県、成都の郊外から出土したという市を描いた画像塼を見学し、写真を撮ったことがある。

これらの画像塼には、店舗と市楼が描かれている。吉野ヶ里遺跡で検出されている掘立柱建物群にも、倉庫はもとより、仮設的な店舗、さらに市の開閉を金属を打って周辺に告げる市楼もあったのではないかと推測することができる。

吉野ヶ里遺跡のメガソーラー

現在の吉野ヶ里遺跡からは、国営歴史公園・県営歴史公園を北にでると、そこには吉野ヶ里遺跡の歴史性を、著しく損なうようにメガソーラーが広がっている。

遺跡や史跡は、それ自身がもつ歴史的価値や意義がきわめて重要であるが、その遺跡や史跡をとりまく周辺の景観もまた重要である。

とりわけ、吉野ヶ里遺跡は弥生時代の大規模な環濠集落と、その北側一帯からは、古代に肥前国の国庁・国府とともに神埼郡の政治・経済を担っていた神埼郡衙が見つかっている。吉野ヶ里遺跡は、弥生時代のみでなく、古代もこの地域の発展に欠かせない郡の政務をになった官衙（役所）があったのである。それだけに、吉野ヶ里遺跡は、弥生時代のクニを示す大環濠集落と古代の郡衙の歴史も地中に刻まれていることを評価することがきわめて大事なことである。

弥生時代のみでなく、古代の郡衙がここにあったという重要な歴史性を、多くの市民が理解するには、歴史公園から北側一帯をゆっくりと、周辺の景観を眺めながら、また楽しみながら歩いていただく必要がある。

しかし、古代官衙があった地区を歩くと、眼前に広大な広がりをもったメガソーラーが眼に入る。メガソーラーは、古代の吉野ヶ里遺跡の景観を思い描くのを著しく困難にしており、また阻害しているのである。

これらのメガソーラーは、設置計画が出された段階から、相応しくないものとして、地元の住民団体によって他所に設置するように、強い要望が出されていたものである。

メガソーラーができあがった今日、国営公園の北側一帯に広がるメガソーラーは、やはり特別史跡の吉野ヶ里遺跡にとって、相応しくないものであることは、明らかである。

吉野ヶ里遺跡は、日本の古代国家の前夜を示す弥生遺跡として、他の九州の弥生遺跡と共に、世界文化遺産へ登録するのに値する重要な特別史跡である。この世界文化遺産は、周辺の景観に対しても、じつにバッファーゾーン（緩衝地帯）として、周辺の歴史的な環境が維持されているかどうかが重視されている。それだけに世界文化遺産への登録にも障害となるものである。

現地でのアピール行動　2013（平成25）年3月5日

これらの点からみても、吉野ヶ里遺跡のメガソーラーは、早急に他所に移すとともに、さらに発掘された多くの出土品を展示する博物館を、吉野ヶ里遺跡の景観を損なわないところに早急に建設し、公開されることを期待したい。

12　地域の人々の声

吉野ヶ里遺跡は、私達のルーツの場所です。古代の人々が自給自足の生活をしながら生きてこられた。生きざまを見ることの出来る場所として、吉野ヶ里遺跡はいろんな方々の努力によって保存されてきたと聞いております。そういう場所にメガソーラー発電所を設置するなど環境破壊ですね。メガソーラー発電所移転に大いに賛同致します。

（福岡県八女市　女性・寺社職員）

吉野ヶ里を守って下さい。メガソーラーは別のところに移して下さい。公正な判決をお願いします。

重要な歴史遺産である吉野ヶ里遺跡群を現状で保存するため、メガソーラー発電所は不用です。

（吉野ヶ里町　男性・会社員）

（基山町　女性・無職）

13　吉野ヶ里遺跡を世界遺産に――古川知事の思惑と住民運動

山﨑義次

古川康前知事がメガソーラーの建設を急いだ理由にあるキッカケがあると言われています。玄海原発のプルサーマル計画にからんで古川前知事が、不公平な「やらせ事件」を起こしたことが発覚、県議会で大問題となり、県政を揺るがす大事件へ発展したことがありました。議会で知事が責任を追及され、全国的にスキャンダル化し、知事の人気が急落、さらに県民の信頼も地に落ちた事件です。知事は厳しく追及されました。

窮地に立たされた知事は、失った信頼を挽回しようとあたかも自然エネルギー派のように装い、担当者に命じたと言われています。それがなんと吉野ヶ里の中心的場所、つまり丘陵中央部にメガソーラーを建設することだったようです。ちょうどその直前の平成23年3月11日、東日本大震災が発生し、未曾有の大被害が起きて、これがきっかけで全国の原発がストップしました。あらためて原子力発電の危険性が大きな問題となり、そのため自然を利用した代替エネルギーが見直され、全国的に太陽光発電、つまりメガソーラー発電が注目されだした頃です。

こうした社会背景を巧みに捉え、吉野ヶ里メガソーラーを建設することで自らの失政をすりかえ、人気回復を図ろうとしたと考えられています。私達はこうした姑息なやり方を断じて見逃すことなく、県民、国民、否世界の宝でもあるこの吉野ヶ里遺跡群を守るためにどうしたらよいか考え行動にうつすことにしました。

平成23年7月4日、古川康知事あてに要望書を提出。これを皮切りに何回も県側へ要望や陳情をくり返し、公開質問状なども出しました。さらに、県議会、神埼市長、市議会、吉野ヶ里町長、町議会、神埼、吉野ヶ里の両商工会などへも働きかけました。国へも要望書を提出しました。県民や地元民へのアピール、街宣活動など多方面な活動も展開。遺跡見学会も開催、さらに学者や研究者への呼びかけ、講演会やシンポジウム（今まで14回）、の開催、署名活動、マスコミへの働きかけなど様々な活動を何度もしました。特に全国の学者や研究者にも吉野ヶ里のメガソーラーによる破壊の危機を訴え、現状を報告しました。文化財保存全国協議会（略称文全協）の考古学の先生方が中心になって保存の声がひろがりました。

平成24年12月26日、文全協の学者7人で組織した「吉野ヶ里メガソーラー文化財調査団」が現地を視察され、翌日、同調査団が古川知事へ要望書を提出。さらに全国の学者あてに「賛同をお願いする学者百名署名」にも取り組まれ、大勢の先生方の賛同ハガキが寄せられるなど全国の学者の間にもこの問題が知られるようになったようです。しかし古川知事はメガソーラー計画を強行しようとしたために、前述のように裁判をせざるを得ませんでした。

平成25年4月23日、佐賀地方裁判所へ「吉野ヶ里メガソーラー発電所の移転を求める住民訴訟」を

吉野ケ里メガソーラー

建設地変更を要望

考古学者ら「歴史的価値減ずる」

考古学者らでつくる文化財保存全国協議会（約600人）は27日、吉野ケ里歴史公園（神埼市郡）北側の県有地に建設中の「吉野ケ里メガソーラー」について、建設地変更を求める要望書を佐賀県に提出した。

要望は、①メガソーラー建設地を変更する②建設地周辺を早急に史跡指定する③吉野ケ里遺跡を世界遺産に登録申請する—の3点。同協議会代表委員の小笠原好彦滋賀大名誉教授、十菱駿武山梨学院大客員教授ら4人が県新エネルギー課、文化財課に提出した。

要望に先立ち、同協議会会員7人は26日、文化財保護上問題がないか、現地を視察した。視察の結果、「メガソーラーは歴史公園の景観を損ない、歴史的

文全協、古川康知事へ要望書提出　2012（平成24）年12月26日（佐賀新聞平成24年12月28日）

遺跡隣接 発電所撤回を

吉野ケ里　考古学者ら要望　佐賀県に

佐賀県神埼市の国営吉野ケ里歴史公園北側にある工業団地跡地で、県などが建設を進めているメガソーラー（大規模太陽光発電所）計画に対し、全国の考古学者らでつくる文化財保存全国協議会（文全協）の調査団が27日、計画が遺跡の歴史的意義を損ねるとして建設地の変更を求める要望書を古川康知事らに宛てて提出した。

調査団は小笠原好彦・滋賀大名誉教授、十《じゅう》菱《びし》駿武《しゅんぶ》・山梨学院大客員教授の両文全協代表委員ら7人。文全協は全国の考古学者や歴史研究者、歴史教育者ら約600人からなる。

一行は26日に建設予定地を視察。要望書では、予定地に奈良時代の役所である郡衙《ぐんが》の遺跡も一部含まれていることを指摘し、計画地変更などを求めている。

計画では敷地面積25ヘクタールで出力規模は12メガワット。現在敷地造成中で、来年1月着工、同6月末の発電開始を目指している。【竹花周、写真も】

吉野ケ里メガソーラーの建設予定地で、地元の保存会のメンバーから話を聞く調査団の一行＝佐賀県神埼市神埼町で26日午後4時半ごろ

文全協現地視察団
2012（平成24）年12月26日
（毎日新聞平成24年12月28日）

急いで提訴（第1次原告者48名、2次提訴を含め61名）しました。現地では急ピッチで造成中だったメガソーラーが7月25日完成、稼働をはじめました。そして、第1回裁判が同年8月9日にありました。以来、この日より4年間に及ぶ長い裁判闘争が始まりました。平成27年10月9日、一審の判決が出ました。敗訴でした。私達はただちに控訴（二審、福岡高裁）、そして二審でも敗訴。今度は三審、最高裁へ上告しました。平成29年7月25日、最高裁判所判決が出ました。上告棄却、不受理の決定でした。裁判は結局完敗です。残念でなりません。どうし

てこのようになるのか、日本の裁判所はこれでいいのでしょうか。

もともと国や行政を相手とする裁判は勝訴するのは大変難しいと言われています。とりわけ、文化財訴訟はさらに難しいようです。こうした裁判の姿勢はこれから先、文化財保存の歴史に照らして末永く記憶され、批判され続けるのではないでしょうか。

私は裁判を通して偉大な郷土の人物を思い続けました。江藤新平です。江藤は明治維新直後の混乱した時代に初代司法卿（法務大臣）として、江戸時代にはなかった民主的な裁判制度を整えて全国に裁判所をつくった人物として知られています。明治新政府の高官達の不公平なやり方や不正、汚職に徹底してメスを入れ、追及するという正義心の強い勇気ある人物でした。

江藤新平の言葉、「民の司直たれ」は有名で、裁判所や裁判官は常に国民や一般大衆の心に寄りそい、味方となって公正、公平に裁判をするように訓示しています。いわば「弱きを助け、強きをくじく」精神であれというものです。しかし、この吉野ケ里メガソーラー裁判は権力者や行政のいいなりのような判決でした。江藤新平とは反対の「強きを助け、弱きをくじく」ようなものです。そこには遺跡を守る心、愛する心は全く感じられません。全国に江藤新平の精神を受けつぐ人物が多数現れることを望みます。

さて裁判がこうであれば、あとはどうしたらよいのか、むずかしいことですが結論としては、やはりもっと多くの人々の力を結集し、世論を高めることでしょう。そうすれば行政を少しずつ動かし、いい方向に向かってゆくことと思います。決してあきらないことです。

佐賀県庁での記者会見

現地でのデモ行進　2013（平成25）年3月5日

おわりに

吉野ケ里メガソーラー発電所の移転を求める佐賀県住民訴訟弁護団団長　**東島浩幸**

多くの佐賀県民が、吉野ヶ里遺跡の全面保存に立ちはだかっているメガソーラー設置問題を契機に、住民監査請求、住民訴訟を闘いました。訴訟でメガソーラー設置の違法性を裁判所に認めさせることはできませんでしたが、吉野ヶ里遺跡群の歴史学的・考古学的重要性を再認識し、将来にわたってどのように保存・利活用するのがよいのかという重要な問題提起はできたと思います。

私自身、その訴訟に取り組む前は、吉野ヶ里遺跡は弥生時代の遺跡（環濠集落跡）という理解に留まっていました。しかし、取り組みを通じ、弥生時代の前期中期後期と古代国家成立前の国家への発展を辿れる稀有な遺跡であるとともに、古墳時代、律令時代から平安時代、平忠盛の活躍にかかわる院政期等、古代から中世を縦断する貴重な遺跡が集中するという意味でも稀有な遺跡群であることを再認識しました。

メガソーラー用地は、律令期の神埼郡衙跡や弥生時代の衛星集落・水田跡、また中世の館跡などがあり、吉野ヶ里遺跡群として重要な地域です。また、吉野ヶ里の世界遺産化のためには、メガソーラー用地は、弥生遺跡のバッファーゾーンとしても重要であり、メガソーラーを立ち退かせ、遺跡として保存・利活用するゾーンとしていくことが求められます。

まさに、吉野ヶ里を全面保存できるか否かは、歴史的遺産を大切にしていくのか否かの分水嶺であり、我が国の「文化的国家」としての内実を問う問題です。

本書を手に取っていただいた一人ひとりの方にとって、本書が、これらを考える契機となれば幸いです。さらに進んで、吉野ヶ里遺跡群の全面保存にご協力いただければこれにすぐるものはありません。全面保存・世界遺産化に向けて今後ともよろしくお願いいいたします。

また、ご協力いただいた小笠原好彦先生、鈴木重治先生、十菱駿武先生をはじめ研究者の皆様、吉野ヶ里遺跡全面保存会のメンバーをはじめ吉野ヶ里遺跡の保存に力を尽くした様々な方々に敬意を表して、あとがきとさせていただきます。

参考文献

「古代東肥前の研究」松尾禎作・古賀考・藤谷庸夫共著　１９２５年
「中原村の史話伝説」松尾禎作著　１９２５年、１９５５年再刊
「史前学雑誌」七田忠志報告　１９３４年
「佐賀県考古大観」（続編）松尾禎作著　１９６１年
「吉野ヶ里遺跡群全面保存への提言集」山﨑義次著　１９９０年
ビデオ「吉野ヶ里遺跡の全面保存を訴えます」吉野ヶ里遺跡全面保存会編　１９９１年
ビデオ「国営吉野ヶ里歴史公園の誘致を成功させよう」吉野ヶ里遺跡全面保存会編　１９９１年
「吉野ヶ里はこうして残った　保存運動を行った人々の記録」吉野ヶ里遺跡全面保存会編　１９９３年　大同印刷
「明日への文化財70号　特集吉野ヶ里遺跡群の今日的課題」文化財保存全国協議会編　２０１４年
「佐賀の明日を希って」太田記代子著　２０１５年　石風社
「吉野ヶ里遺跡と世界遺産」講演記録　小笠原好彦滋賀大学名誉教授講演　佐賀市願正寺　２０１６年
「吉野ヶ里――遺跡はこうして残った」山﨑義次著　２０１６年　文芸社
「文化財保存70年の歴史」文化財保存全国協議会編　２０１７年　新泉社

吉野ヶ里遺跡群全面保存運動年表

２０１１（平成23）年

3月11日	東日本大震災原発大事故発生
6月13日	古川康知事、県議会で「吉野ヶ里メガソーラーニューテクノパーク跡地」（吉野ヶ里丘陵中央部）に「メガソーラー」をつくると発言 吉野ヶ里遺跡全面保存会、吉野ヶ里遺跡を「世界遺産」にする運動を開始
7月4日	古川知事に「メガソーラー建設は吉野ヶ里から別の場所に変更すること。吉野ヶ里遺跡は世界遺産を目指すべき」という要望書を提出し、県庁で記者会見
7月26日	「文化財保存全国協議会」（略称文全協）に手紙と資料を郵送
8月25日	神埼市長と吉野ヶ里町長に面会し、要望書を提出
9月9日	県議会内で各政党に陳情
9月30日	県議会、補正予算案（メガソーラー関連予算34億３４００万円を含む１３２億円）を可決
10月6日	ソフトバンクの孫正義社長に、吉野ヶ里メガソーラー計画の公募に応じないで欲しい旨の要望書及び関連資料を郵送
10月11日	吉野ヶ里町商工会、神埼市商工会に陳情
10月12日	吉野ヶ里町議会議長に陳情
10月13日	神崎市議会議長に陳情
10月19日	国営吉野ヶ里歴史公園事務所所長に陳情
10月18日	中川正春文部科学大臣、近藤誠一文化庁長官、前田武志国土交通大臣に要望書を郵送
10月21日	民主党佐賀県連に陳情
11月4日	「吉野ヶ里遺跡、城原川を世界遺産に」講演会の初打合せ（岸原氏宅）。以後、数回会合
11月15日	県の企業立地課など三ヶ所に陳情。立地課、11月6日より一ヶ月間、メガソーラー希望企業を公募すると説明
11月15日	佐賀市で飯田哲也講演会。氏はメガソーラーパネルに「ものによってはカドミウムが入っている」と発言
11月20日	第一回講演会「吉野ヶ里遺跡・城原川を世界遺産に」開催（神埼市中央公民館）
11月30日	要望書をメガソーラー企業19社に郵送
12月1日	要望書をメガソーラー企業43社に郵送

12月13日	県庁記者クラブで記者会見し、緊急声明を発表 佐賀玉屋前で街頭宣伝活動
12月17日	佐賀県のメガソーラー応募企業17社。県は来年1月に現地説明会、3月頃に事業者を決定の予定となる
２０１２（平成24）年	
1月10日	今月中にも土地造成工事を開始との情報。国営公園内の物見櫓から現地写真撮影
1月13日	文全協の「吉野ヶ里遺跡群の全面保存を求める要望書」を近藤誠一文化庁長官、佐賀県知事、県会議長、県教育長、神埼市長、吉野ヶ里町長に郵送
1月18日	全面保存会、今年の初会合（佐賀県川松屋）
2月8日	福岡市天神パルコ前で街宣活動 国交省九州地方整備局に陳情
2月23日	第2回講演会『吉野ヶ里は邪馬台国だ』開催。講師奥野正男氏、佐賀市メイトプラザ
3月9日	県知事（企業立地課）、県教育長（文化財課）、県会議長、各政党に緊急陳情
3月14日	久留米市で「原発とメガソーラー問題について」の講演会。講師太田記代子氏。造成工事中の現地を視察（全面保存会）
3月21日	第3回講演会。講師島谷幸宏氏（九州大学大学院教授）
4月21日	石戸敏治氏、仏淵県文化財保護審議会会長（佐賀大学学長）と面談
5月8日	約２０００名分の署名簿を持参し、県庁の文化財課、新エネルギー課に陳情
5月9日	3月9日に提出した陳情書を石井議長が6月県議会例会時に全議員に配布の予定、と県議会事務局長より電話
6月8日	県の新エネルギー課、石井議会議長（代理）に要望書提出
6月23日	第4回講演会、講師奥野正男氏、昼食後、車に分乗して、メガソーラー予定地と伊勢塚古墳を見学
7月4日	県知事、県会議長に要望書提出
7月20日	文化庁に陳情
7月31日	知事秘書を通して知事に陳情
8月2日	久保、太田、山﨑打合せ
8月10日	県文化財審議会開催。一部の委員より、審議会に相談なく吉野ヶ里にメガソーラー計画を決定したことに抗議発言
8月29日	奥野正男氏、考古学者としての知事への意見書を県新エネルギー課に提出

9月3日	佐賀県、ＮＴＴファシリティーズ、ＮＴＴ西日本、戸上電機、佐賀銀行、佐賀大学とメガソーラー建設協定を結ぶ
10月12日	ＮＴＴファシリティーズ、ＮＴＴ西日本へ要望書郵送
10月19日	戸上電機、佐賀銀行、佐賀大学、ＮＴＴファシリティーズ佐賀支店、ＮＴＴ西日本佐賀支店へ要望書提出
11月27日	文全協の知事への要望書を３名の学者の意見書を付けて県新エネルギー課と文化財課とに再提出
11月30日	第１回県内諸団体、個人との連絡会議（佐嘉神社会館）。今後の運動の在り方などを協議。奥野正男氏に電話
12月26日	文全協の「吉野ヶ里メガソーラー文化財調査団」７名、現地調査
12月27日	同調査団、古川知事へ要望書を提出
２０１３年（平成25）年	
1月10日	古川知事に公開質問状提出（１回目） 10日頃より、メガソーラーパネル設置の本格工事が始まる
1月12日	文全協、「賛同をお願いする学者１００名署名」の要請文を全国の学者２００名に郵送（１次締切日１月25日）
1月14日	佐賀新聞に意見広告
1月19日	古川知事より文書回答（１回目）。中央法律事務所で対策会議
1月20日	弁護士、学者グループ（小笠原好彦氏、鈴木重治氏）、本会との合同の「吉野ヶ里メガソーラー計画地と周辺遺跡群の現地調査会」を実施
1月30日	古川知事に再び公開質問状（２回目）
2月1日	佐賀玉屋前で街宣活動
2月7日	古川知事より文書回答（２回目）
2月8日	住民監査請求を提出（第１次１４６名）
2月24日	第１回「吉野ヶ里シンポジウム」（本会と文全協共催）、吉野ヶ里町明善寺本堂
2月27日	住民監査請求提出（第２次１４０名）
2月28日	県会議長へ陳情
3月5日	吉野ヶ里メガソーラー計画地でアピール行動。その後、松本神埼市長に面会し、請願書を手渡す
3月26日	県監査委員会、監査請求（第１次、２次の２８６名分）を却下
4月3日	住民監査請求提出（第３次３９０名、１、２、３次合計６７９名）
4月7日	佐賀桜マラソンの沿道でアピール行動
4月8日	第２回県内諸団体、個人との連絡会議（佐賀市メイトプラザ）

4月23日	佐賀地裁へ「吉野ヶ里メガソーラー発電所の移転を求める住民訴訟」を提訴（原告者48名）
5月11日	鈴木重治氏元同志社大学院講師、田中義昭島根大学元教授、毛利和雄元NTT解説委員らと本会、メガソーラー計画地及び国営歴史公園を視察。なお計画地内で遺構と思われるものと土器片多数発見
5月12日	第2回「吉野ヶ里シンポジウム」（本会と文全協共催、佐賀市県JA会館）
5月16日	インターネット全国配信開始
5月21日	鈴木重治氏と本会、吉野ヶ里視察（工事現場等）
5月22日	鈴木重治氏と本会、県庁で記者会見後、古川知事、県教育長、県会議長へ要望書提出
5月23日	鈴木重治氏と本会、中世姉川城跡と徐福伝説地等を現地視察
6月21日	第2次提訴（原告13名）
6月23日	同志社大学（京都）で吉野ヶ里全面支援のためのシンポジウム
6月28日	文化財保存全国協議会第44回山梨大会始まる。3日間、28日全国委員会
6月29日	富士北麓文化遺産見学会
6月30日	大会。吉野ヶ里の現状を報告。江永次男本会会長和島誠一賞受賞
7月17日	小笠原好彦文全協代表委員来佐。古川知事、県教育長、県会議長へ要望書提出。江永次男会長、小笠原代表委員より、和島誠一賞を直接受賞
7月25日	吉野ヶ里メガソーラー完成式典。稼働始める
8月9日	第1回裁判（佐賀地裁）。県弁護士会館で報告集会、原告団、支える会結成総会
10月2日	第3次提訴（14名）
10月19日	江永次男会長死去、享年86歳
11月4日	吉野ヶ里講演会、講師小笠原好彦氏（文全協代表委員、滋賀大学名誉教授）
11月8日	吉野ヶ里見学ツアー（説明者　鈴木重治氏） 第2回裁判
12月13日	アーサー・ビナード氏（作家）、吉野ヶ里視察（メガソーラーと公園内）
2014（平成26）年	
1月24日	第3回裁判
2月23日	吉野ヶ里講演会（全国報道25周年記念）。講師小笠原好彦氏、島谷幸宏氏（九大大学院教授）、佐賀市文化会館
4月11日	第4回裁判
6月13日	第5回裁判

7月21日	吉野ヶ里講演会、講師鈴木重治氏（神崎温泉ホテル）後、メガソーラーと遺跡群見学
7月30日	5回目の監査請求（380人累計約1500人）
8月29日	第6回裁判
11月7日	第7回裁判
2015（平成27）年	
1月16日	第8回裁判
2月22日	吉野ヶ里講演会、講師小笠原好彦氏、佐賀市民会館42名出席
3月2日	龍谷大学ゼミ学生4人、吉野ヶ里メガソーラー問題で現地聞き取り調査
3月6日	第9回裁判
3月26日	伊都国歴史博物館の岡部裕俊氏に面会後、弥生の王墓等視察
5月3日	『佐賀の明日を希って』出版。太田記代子著、石風社
5月8日	第10回裁判
6月26日	第11回裁判
8月2日	「吉野ヶ里遺跡群の重要性と課題」講演会、講師小笠原好彦氏。終了後、メガソーラーと周辺遺跡群の見学
8月7日	第12回裁判
10月9日	第13回裁判、判決敗訴（第1審）
2月18日	邪馬台国を考える会の会合、佐賀市
12月8日	朝日新聞本社の記者、吉野ヶ里メガソーラーを現地取材
2016（平成28）年	
1月4日	朝日新聞、吉野ヶ里メガソーラーを全国版で報道
2月18日	邪馬台国を考える会の会合、佐賀市
4月18日	福岡高裁（2審）第1回裁判
5月8日	「吉野ヶ里遺跡と世界遺産」講演会、講師小笠原好彦氏、願正寺
6月19日	文化財保存全国協議会、第47回佐賀大会、佐賀市グランデはがくれ。前日全国委員会
6月18日	遺跡見学会、伊都国歴史博物館、平原古墳、東名遺跡、吉野ヶ里遺跡、丸山古墳群など
6月19日	大会、2つの決議文を採択
6月20日	文全協「2つの決議文」を古川知事に提出。第2回裁判福岡高裁

8月15日	『吉野ヶ里——遺跡はこうして残った』出版。山﨑義次著、文芸社
9月26日	第3回裁判（2審）
10月23日	福岡高裁に控訴
12月5日	第4回裁判、判決敗訴
12月19日	最高裁へ上告
2017（平成29）年	
5月13日	「吉野ヶ里を未来につなぐ会」結成総会。記念講演、講師高島忠平氏
7月25日	松本神埼市長、多良吉野ヶ里町長に面会（つなぐ会メンバー3人）。最高裁上告棄却の不当判決
9月4日	講演会、講師七田忠昭氏（つなぐ会主催）

【連絡先】

●吉野ヶ里遺跡全面保存会
〒 849-0101
佐賀県三養基郡みやき町綾部 2373
山﨑義次（事務局長）
TEL：090（5738）4081

●吉野ヶ里メガソーラー発電所の移転を求める佐賀県住民訴訟原告団
〒 842-0031
佐賀県神埼郡吉野ヶ里町吉田 1072-3
久保浩洋（原告団長、全面保存会会長）
TEL：090（7466）4681
FAX：0952（52）5355

太田記代子（佐賀の歴史と文化を学ぶ女性の集い代表、全面保存会副会長）
TEL：090（5727）0898
FAX：0952（24）7160

●吉野ヶ里メガソーラー発電所の移転を求める佐賀県住民訴訟弁護団
〒 840-0825
佐賀県佐賀市中央本町 1-10 ニュー寺元ビル 3 階
佐賀中央法律事務所
弁護士　東島浩幸（弁護団団長）
TEL：0952（25）3121
FAX：0952（25）3123

〒 812-0054
福岡市東区馬出 2-1-22 福岡五十蔵ビル 2 階
弁護士法人奔流
弁護士　池永　修（弁護団事務局長）
TEL：092（642）8525
FAX：092（643）8478

「吉野ヶ里遺跡にメガソーラーはいらない」ブックレット編集委員会
・吉野ヶ里遺跡全面保存会
・吉野ヶ里メガソーラー発電所の移転を求める佐賀県住民訴訟原告団
・吉野ヶ里メガソーラー発電所の移転を求める佐賀県住民訴訟弁護団

吉野ヶ里遺跡にメガソーラーはいらない——世界遺産登録に向けて

2018年4月10日　初版第1刷発行

編者————「吉野ヶ里遺跡にメガソーラーはいらない」ブックレット編集委員会
発行者———平田　勝
発行————花伝社
発売————共栄書房
〒101-0065　東京都千代田区西神田2-5-11 出版輸送ビル2F
電話　03-3263-3813
FAX　03-3239-8272
E-mail　info@kadensha.net
URL　http://www.kadensha.net
振替　00140-6-59661
装幀————佐々木正見
印刷・製本——中央精版印刷株式会社

ISBN978-4-7634-0850-1　C0036